プロローグ

奥田逸子、還暦目前の今が
自分史上最高の
「美ボディ」。
この引き締まったおなかも
くびれも実は
誰でも作れます！

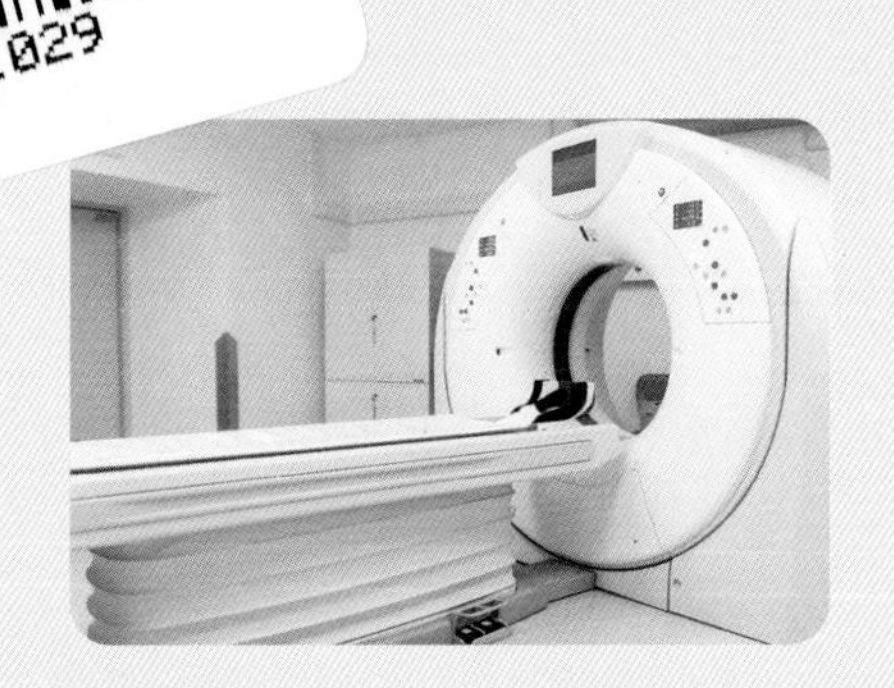

「おなか太りを解消したい」
「魅力的なくびれをつくりたい」
「いつまでも若々しく見られたい」

多くの人はそうした願望を持っているのではないでしょうか。とはいえ、年齢を重ねるほど「中年太りは仕方がない」と諦めたり、開き直ったりする人も少なくありません。また、やせたらやせたで「しわが増えて、逆に老けて見えたらどうしよう……」という不安を持つ人がいることも事実です。

でも、ご安心ください。私は還暦を目前に控えていますが、おなかやせをみずから実現したばかりか、ウエストにはきれいにくびれもできて、シックスパックの腹筋を手に入れることができました。やせて老けるどころか、年齢よりも若く見られていります。大事なのは、年齢を重ねても諦めないことです。私も諦めなかった結果、理想のボディへと生まれ変わることができました。

プロローグ

みなさん、こんにちは。国際医療福祉大学三田病院放射線科准教授の奥田逸子（おくだいつこ）と申します。専門は最新鋭のCT（コンピューター断層撮影装置）やMRI（磁気共鳴画像診断装置）を用いて、患者さんの体内を撮影し、その画像をもとに病気を発見することです。最近では、CTを駆使して顔が老けるメカニズムを解明し、顔のたるみやしわ、老けなどを解消する、顔の筋肉を鍛える体操を考案しました。顔の老化に悩む人が多いことから、おかげさまでテレビや新聞でも大きな話題になっています。

そんな私がおなかやせを目指すきっかけになったのが、ある学会でダイエットをテーマにした講演を頼まれたことです。極端な肥満体型ではなかったのですが、ダイエットについて講演する人が少しでもポッチャリしていては、なんの説得力もありません。そこで私は、半年後に控えた学会発表の日を目標に、ダイエットに励むことにしたのです。今でこそいえますが、ダイエットに取り組む前の写真を振り返ると、体がパンパンに膨れ上がっているように見えます。おそらく、人生で最も太っていた時期だったのではないでしょうか。

私のウエストの変化

3カ月で7cm減！

	減量前	1カ月後	2カ月後	3カ月後
ウエスト（cm）	68.2	64.6	63.8	61.2

学会発表まで時間はそれほどありません。私は画像診断医の経験からおなかの筋肉と脂肪の関係に着目し、腹横筋・腹直筋・腹斜筋という3つの「美腹筋（ビバラキン）」がおなかやせのカギを握っていることを突き止めました。その後、スポーツジムのトレーナーと相談して「美腹スクワット」を考案し、実践したのです。それまでの私はスクワットのやり方さえ知らないほど運動経験がほとんどなく、腹筋運動も腕立て伏せもできませんでした。腹筋運動については、最初は頭が3センチしか上がらず、トレーナーも思わず吹き出してしまったほどです。

「諦めたら終わり！」と私は自分にいい聞かせ、美腹スクワットに取り組みました。とはいえ、無理をすると続かないと思ったので、週2回にしました。美腹スクワットを始めた当初は筋肉痛がひどかったのですが、週2回にしたおかげで、筋肉痛が回復する時間も十分取れました。途中、海外出張もあり、そのときは美腹スクワットもお休みしましたが、この程度の「緩さ」でもおなかやせに成功することができました。

プロローグ

美腹スクワットを始める直前は最も太っていた時期。体がパンパンに膨れ上がっていた

Before

美腹スクワットを始めて3ヵ月後にはおなかに筋肉がついて脂肪が減り、見事なシックスパック!

After

私のおなかのＣＴ画像の変化

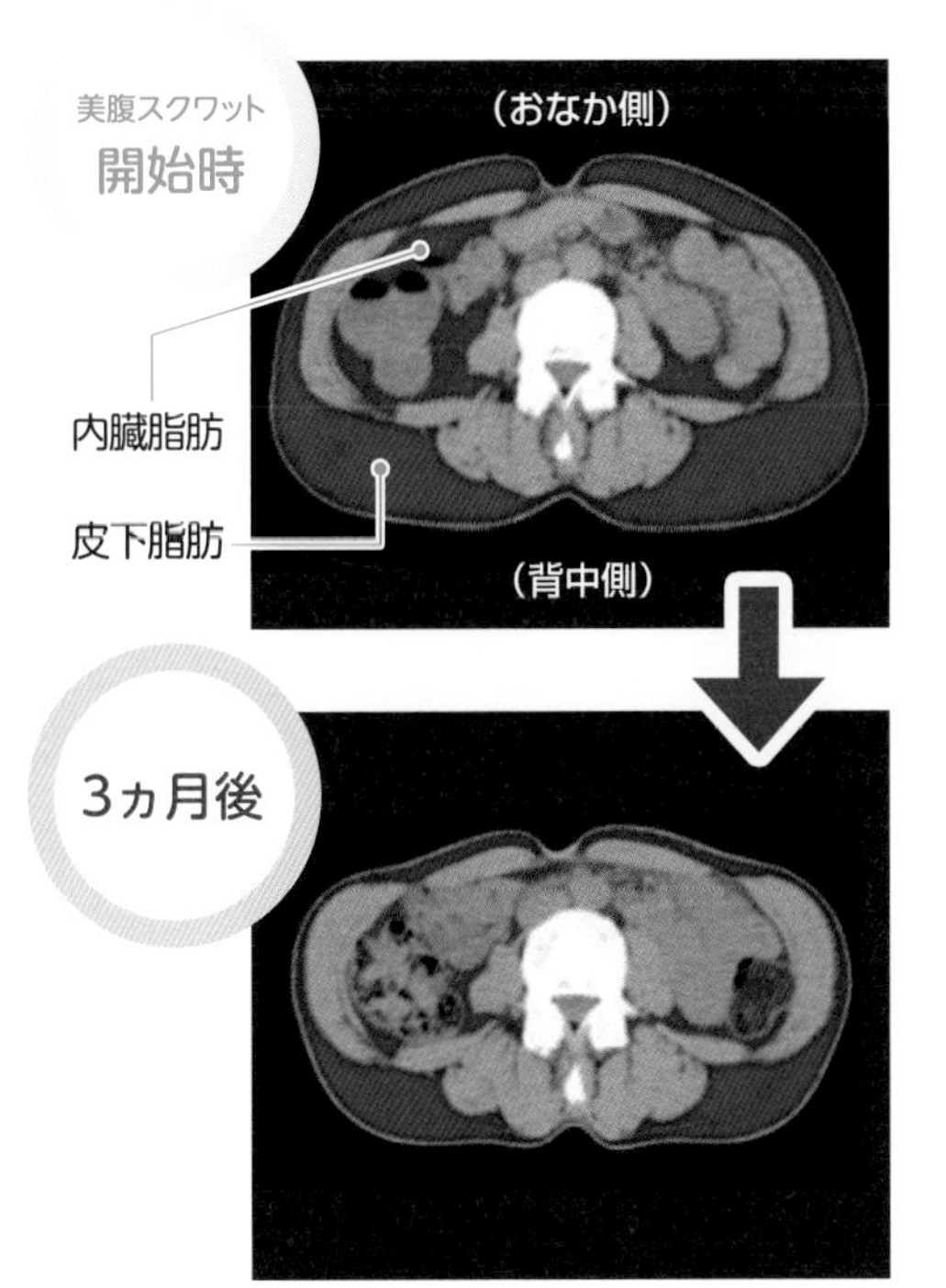

Before

CT画像をカラーで示した画像。グレーの部分が筋肉で、赤が内臓脂肪、青が皮下脂肪。筋肉が細くて少なく、脂肪がたっぷりついておなかが膨れ上がっていた

皮下脂肪面積 …… **118.7㎠**

内臓脂肪面積 ……… **29.3㎠**

After

筋肉に厚みが増して脂肪が大幅減。おなかの膨らみが解消して脇腹も引き締まった。皮下脂肪面積は74㎠減、内臓脂肪面積は19㎠減と、3ヵ月でともに6割以上も減少した

皮下脂肪面積 ……… **44.6㎠**

内臓脂肪面積 ………… **9.8㎠**

体重やウエストの変化は、日々記録しました。当初は52キロだった体重は順調に減っていき、3ヵ月後には43・9キロまで減量できました（身長は157センチ）。ウエストは1ヵ月後に3・6センチ、3ヵ月後にはなんと7センチ減。美腹スクワットを始めてから3ヵ月後、CT画像を比較すると、以前は薄かったおなかの筋肉が太くなり、厚みも出ていました。しかも、皮下脂肪と内臓脂肪も激減していたのです。CT画像ではおなか周りが引き締まっているのが確認でき、シックスパックの見事な腹筋になっていました。おなかの筋肉だけでなく、大胸筋などの胸の筋肉、大腿四頭筋、ハムストリングスなどの太ももの筋肉も太くなっていました。

ふだんの医師の仕事では座りっぱなしのことが多く、運動経験がほとんどない私でも、美腹スクワットであれば、続けることができました。美腹スクワットは手軽にできることもありますが、週2回程度に留めておくなど、過度にストイックにやらなかったことも長続きできた要因だと感じています。大事なことは諦めないことと、無理なく続けることです。

プロローグ

筋肉はサボると衰えるのも早いですが、何歳になっても増やすことができます。決して遅すぎるということはありません。事実、還暦間近の私がおなかやせを実現し、シックスパックの腹筋にもなりました。諦めずに美腹スクワットを実践することで、おなか太りは解消し、若々しい体型を取り戻すことができるのです。

この本を手に取った皆さんも、おなかやせに興味があるはずです。今日から早速始めて、理想の「美腹」を目指しましょう！

目次

第3章

第5章

たるんだ二の腕が引き締まる！ 垂れ尻が美尻に！ むくみ脚が美脚に！ 太い足首が細くなる！ 美腹スクワットのダイエット効果を高める奥田式・美ボディメイク 89

NIKE TRAINER

第1章

最新鋭のCT・MRI画像診断で全身の体脂肪と筋肉をつぶさに観察して発見！
〝美ボディ女医〟開発の至極のおなかやせメソッド

目を覆いたくなる「加齢太り」、いろんな部位の「垂れ・たるみ」――体型崩れのメカニズムを再新鋭の画像装置で解明

まずは、大きな鏡に全身を映してみてください。「怖くて見たくない！」などといって目を背けてはいけません。現実をしっかりと受け止めることが肝心です。

「胸から腰まで一直線」「お尻がのっぺり垂れ下がっている」「大きいおなかが邪魔して足が見えない」「見事な三段腹になっている」……などの感想を持たれるでしょうか。

では次に若いころの体型を思い出してみましょう。「ウエストがキュッとくびれていた」「お尻がプリッと丸く盛り上がっていた」「胸板が厚かった」……。きっと今の自分の体型とはずいぶん違っていたのではないでしょうか。

俳優や歌手の中には、デビュー当時から変わらない体型をしている方を見受けます。おそらく、体型を維持するための努力を人知れず行っているのでしょう。というのも、体型は何も手立てをしなければ歳を重ねるとともに崩れていくものだからで

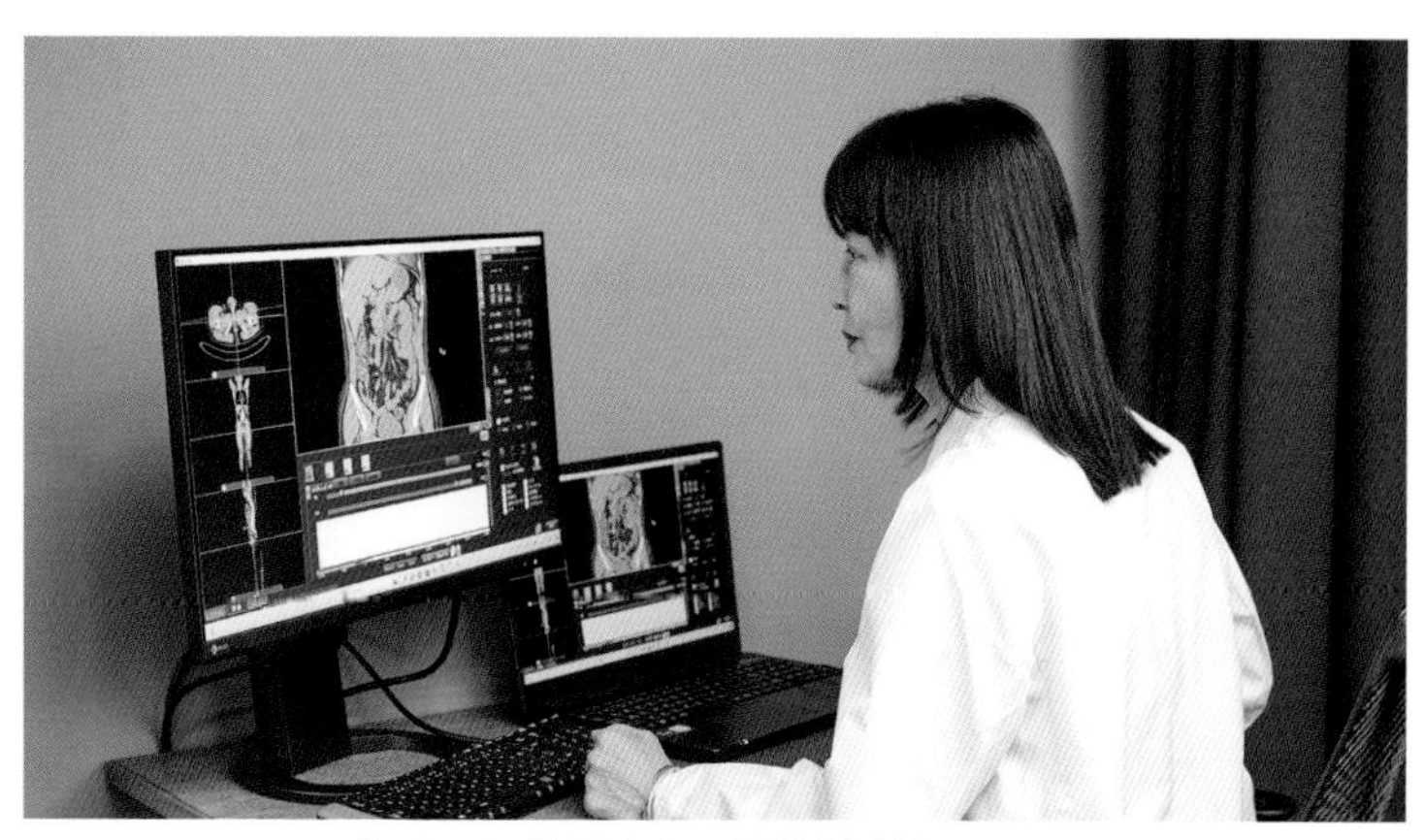
これまでに数万人もの画像診断をしてきた

す。

私はこれまで数万人ものCTやMRIの画像を診てきました。当然、その中には、若い人の画像もあれば、歳を重ねた人の画像もあります。多くの画像診断をするうちに、画像を見ただけで「これはひょっとしたら若い人では?」「シニア世代の方では?」とわかるようになりました。若年層とシニア層では画像の特徴が大きく異なるからです。

加齢とともに脂肪がつき、筋肉が落ちるとよくいわれます。画像を見るとそれはあながち間違っていないと感じます。若い人の画像の多くは太い筋肉がはっきりと映り、脂肪はあまり見られません。一方、歳を重ねた人の画像を見ると、筋肉が非常に細く映り、たくさんの脂肪も見受けられます。脂肪や筋肉の状態で、その画像が若い人か歳を重ねた人かの判断がある程度つくのはこうした理由からです。

加齢とともに脂肪がつき、筋肉が落ちることは体型にも変化をもたらします。筋肉量は20歳前後をピークに、毎年およそ1％ずつ減っていきます。中でも減少が著しいのは太ももとおなか周りです。個人差はありますが、男女ともに40歳前後から足の筋肉が減少して細くなり、おなかの筋肉も衰えて体の締まりがなくなっていきます。それに対して増えていくのが脂肪です。基礎代謝量が加齢とともに減少していくうえ、中年以降になると体を動かす機会が減り、消費するエネルギーが少なくなります。基礎代謝とは、心拍や呼吸、体温の維持など生命を維持するために必要最低限のエネルギーのこと。そのためエネルギーが余ってしまい、その分は脂肪として蓄えられるようになるのです。女性の場合は、腕・おなか・お尻・太ももなど、体全体に脂肪がつき、丸まった体になります。男性は腹部に脂肪がついてぽっこりとしたおなかになります。また、もともと筋肉量が多い男性は、肩や腕の筋肉が衰えやすく、肩幅は狭く腕も細くなって頼りない体型になりがちです。

さらに60～70歳ころを迎えると、背中の左右にあって姿勢を支える脊柱起立筋（せきちゅう）をはじめとした体幹部の筋肉が衰え、背中が丸まったねこ背になりやすく、老けた印象になります。

年齢による体型の変化

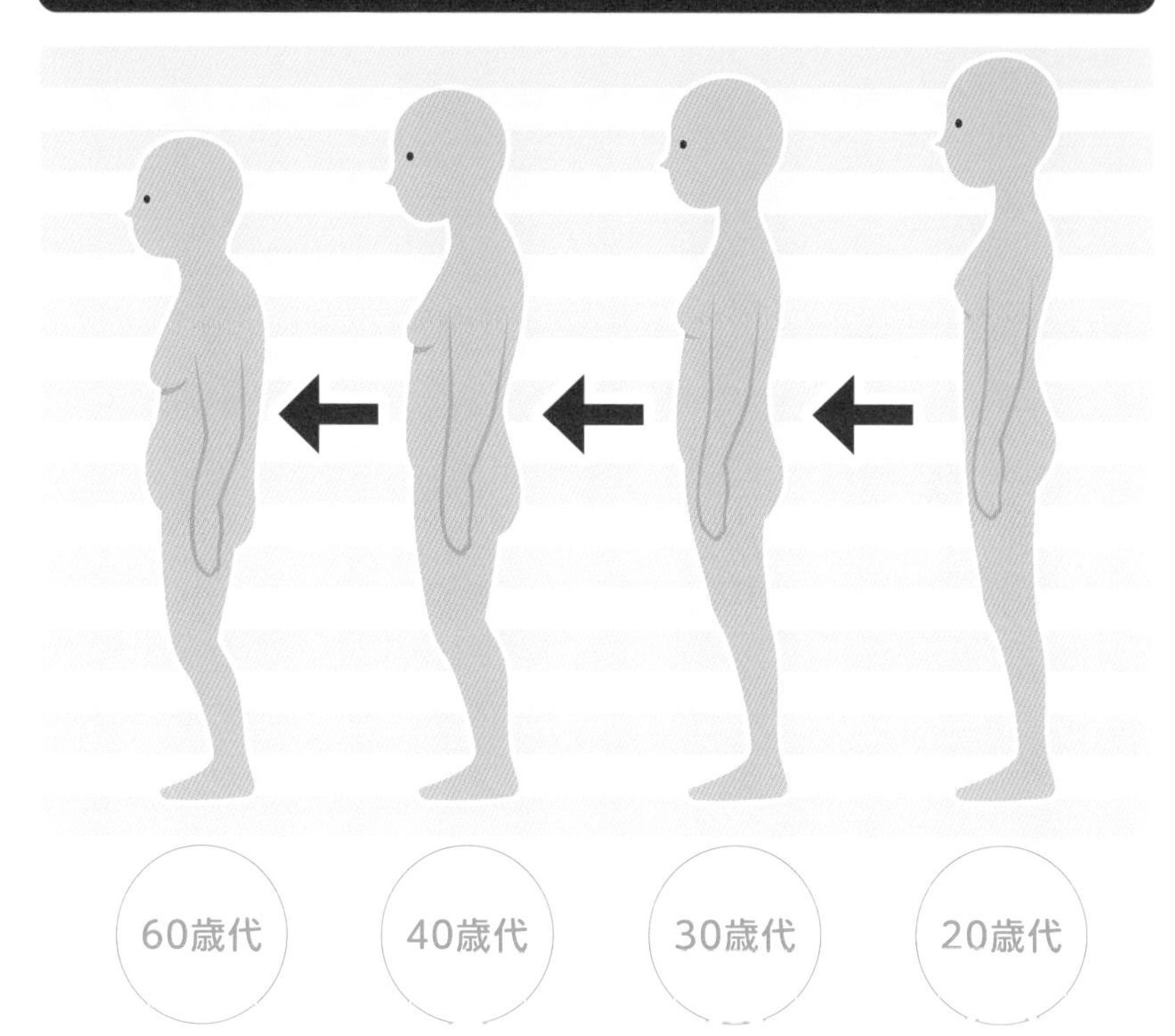

20歳代はウエストが細くメリハリのはっきりした体型だが、30歳代くらいから脂肪がつきはじめ、ウエストのくびれが少なくなる。40歳代ころからバストやお尻のたるみが目立つようになり、おなか周りに脂肪がついて太くなる。

中年太りという言葉がありますが、この主な要因はまさに脂肪の増加と筋肉の減少にあるのです。成人の肥満度を判定する方法にBMI（体格指数）があります。WHO（世界保健機関）の国際的な基準では、30以上の場合に肥満とされます。日本人の場合、BMIが25以上30未満の軽度肥満でも健康への影響が大きい危険な状態と判断されます。次ページの計算式

BMIの算出方法

BMI ＝ 体重(kg)÷身長(m)÷身長(m)

BMIとはBody Mass Indexの略で、体重と身長から算出される肥満度を表す世界共通の肥満度の指標

身長155㎝、体重65㎏の人の場合、

65(kg)÷1.55(m)÷1.55(m)＝27.06

↓

肥満(1度)となる

BMI　日本肥満学会の診断基準

18.5未満	低体重（やせ型）
18.5～24.9	普通体重
25.0～29.9	肥満（1度）
30.0～34.9	肥満（2度）
35.0～39.9	肥満（3度）
40.0以上	肥満（4度）

出典：「肥満症診療ガイドライン2022」

目標とするBMIの範囲

年齢	目標とするBMI
18～49歳	**18.5～24.9**
50～64歳	**20.0～24.9**
65～74歳	**21.5～24.9**
75歳以上	**21.5～24.9**

出典：厚生労働省「日本人の食事摂取基準（2020年版）」

で自分のBMIをチェックしてみましょう。

BMIが25以上の人はもちろん、今は標準体重の人も筋肉量の減少や脂肪の増加を抑えることは、さらなる肥満防止につながります。ただし、やり方を間違えると十分な効果が得られなかったり、健康に害を及ぼしたりする危険があります。ダイエットはエビデンス（科学的根拠）に裏付けられた医学的に正しい方法で行うことが何より大切です。

太っている人とやせている人、すぐやせられる人とやせられない人、その決定的な違いは3つの美腹筋(ビバラキン)とわかった

体の中で脂肪がつきやすいのは、皮膚の下と内臓の周りです。皮膚の下につく脂肪を「皮下脂肪」といい、下腹やお尻(しり)、太ももにつきやすく、女性に多い下半身太りの体型をもたらします。一方、内臓の周りにつく脂肪を「内臓脂肪」といい、男性によく見られるおへそ周りがぽっこりと出た体型になります。

肥満はさまざまな病気を引き起こし、健康への影響が特に大きいのが内臓脂肪です。内臓脂肪が増えすぎると、脂肪細胞に炎症が生じて、脂肪細胞から分泌(ぶんぴつ)されるTNF-α(アルファ)やアディポネクチンというホルモンに異常が起こるためです。

皮下脂肪は手で皮膚をつかむことで脂肪の多さを実感することができますが、内臓の周りについている内臓脂肪は手でつかむことができません。しかし、CTやMRIを用いれば、内臓脂肪だけでなく皮下脂肪も含めて、脂肪がどの程度たまっているかがわかるのです。

加齢とともに筋肉が減って脂肪がつくことは、一般的な20歳代と50歳代の人のCTを見比べてみると一目瞭然(りょうぜん)です。確かに、20歳代より50歳代は内臓脂肪や皮下脂肪が増えています。特に内臓脂肪は相当増えています。さらに、内臓を囲んでいる腹横筋・腹直筋・腹斜筋などの筋肉が、20歳代にはしっかりと厚さがあるのに対し、50歳代は萎縮(いしゅく)してペラペラになっていることもはっきりと見てとれます。

腹直筋はおなかの前側中央を走る2本の筋肉で、両側に腹斜筋と腹横筋が層をなしています。胴体の中でも腹部には肋(ろっ)骨のような骨がないため、これらの筋肉が体幹を支えるとともに、内臓を保護する役目も担っています。これらの3つの筋肉がペラペラに薄くなると、腹腔(ふくくう)(横隔膜の下で内臓を収めている部分)や皮膚との間が広がり、そこに内臓脂肪や皮下脂肪がたまっていくのです。

このことからわかるように、おなか太りになるかどうかのカギを握っているのは腹部にある腹横筋・腹直筋・腹斜筋の3つの筋肉です。これらはまさに、おなか太りを解消するために欠かせない〝美腹筋(ビバラキン)〟と呼ぶべき筋肉といえるでしょう。歳を重ねるにつれて美腹筋の萎縮が進んだ結果、内臓脂肪や皮下脂肪が蓄積され、太りやすくやせにくくなるのです。

20歳代と50歳代のＣＴ画像の比較

20歳代	50歳代

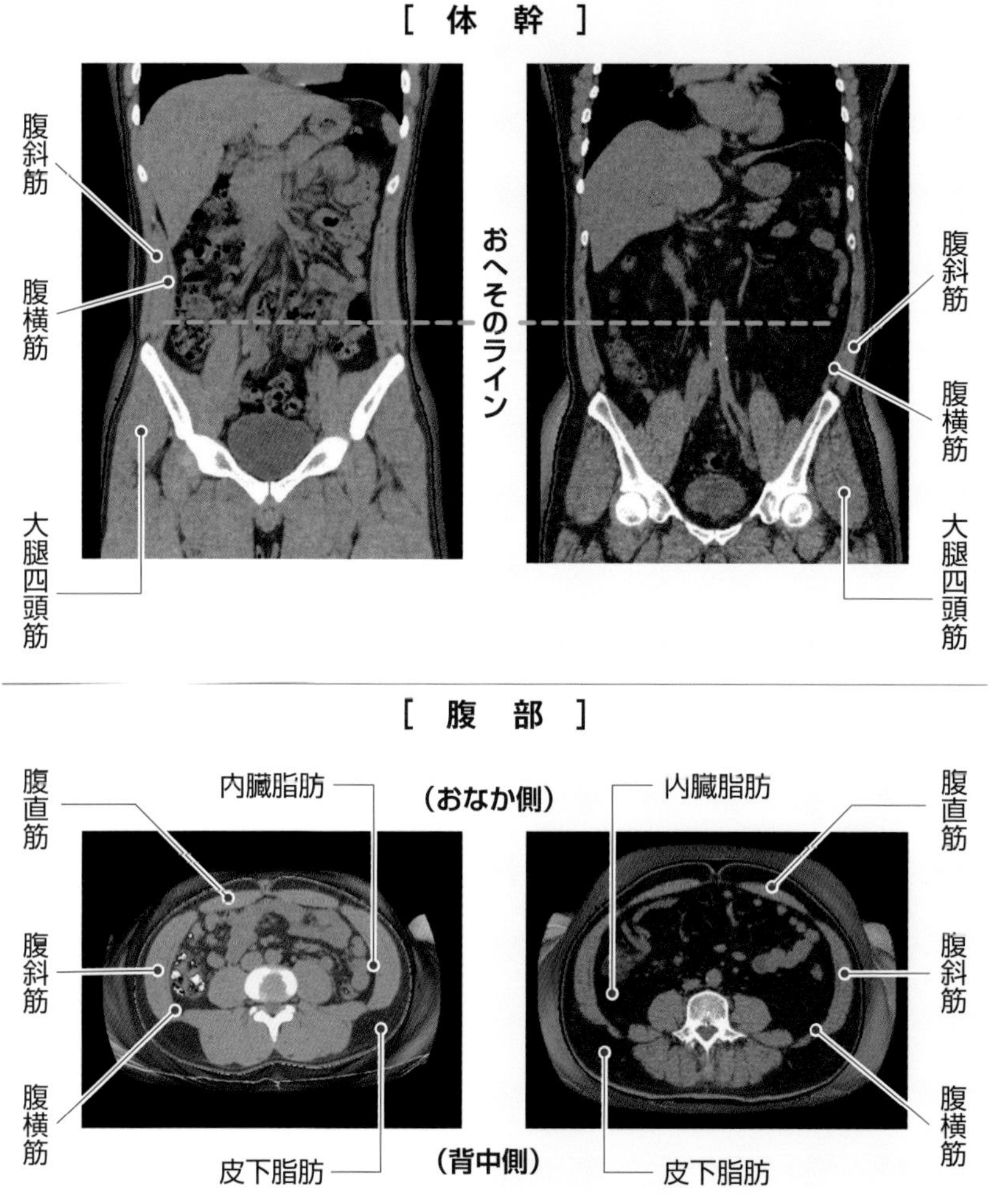

［ 体 幹 ］

腹斜筋
腹横筋
大腿四頭筋
おへそのライン
腹斜筋
腹横筋
大腿四頭筋

［ 腹 部 ］

（おなか側）

腹直筋
内臓脂肪
腹斜筋
腹横筋
皮下脂肪
内臓脂肪
腹直筋
腹斜筋
腹横筋
皮下脂肪

（背中側）

20歳代に比べ50歳代の腹横筋、腹直筋、腹斜筋は薄くペラペラになっているのがわかる。また、20歳代は皮下脂肪、内臓脂肪ともに少ないが、50歳代は皮下脂肪、内臓脂肪いずれも増えている。

腰やお尻に脂肪がつく女性の「洋ナシ型肥満」も、おなかがふっくら突き出す男性の「リンゴ型肥満」も、加齢太りはみんな美腹筋のペラペラ化が原因

肥満とは、脂肪が過剰に蓄積した状態をいいますが、その脂肪がどこに蓄積されているかによって「洋ナシ型肥満」と「リンゴ型肥満」の2つのタイプに分けられます。

洋ナシ型肥満はお尻や太もも、腰に脂肪がつくタイプで、女性に多く見られます。リンゴ型肥満はおなか周りの脂肪が目立つ体型で、主に男性の太り方です。おへその高さで腹囲を測り、男性は85㌢以上、女性は90㌢以上であればリンゴ型肥満（いわゆるメタボ）の可能性が高いと考えられます。

左㌻のCT画像からわかるように、洋ナシ型肥満、リンゴ型肥満のいずれも腹横筋・腹直筋・腹斜筋の3つの美腹筋がペラペラになっています。洋ナシ型では薄くなった美腹筋と皮膚の間に皮下脂肪が、リンゴ型肥満では美腹筋とおなかの臓器の間に内臓脂肪がたまっています。

洋ナシ型肥満

お尻や太もも、腰に皮下脂肪がつくタイプで女性に多い。薄くなった美腹筋と皮膚の間に皮下脂肪がたまっている。

リンゴ型肥満

おなか周りの脂肪が目立つタイプで男性に多い。美腹筋が薄く、その内側に内臓脂肪がついている。皮下脂肪はそれほど多くない。

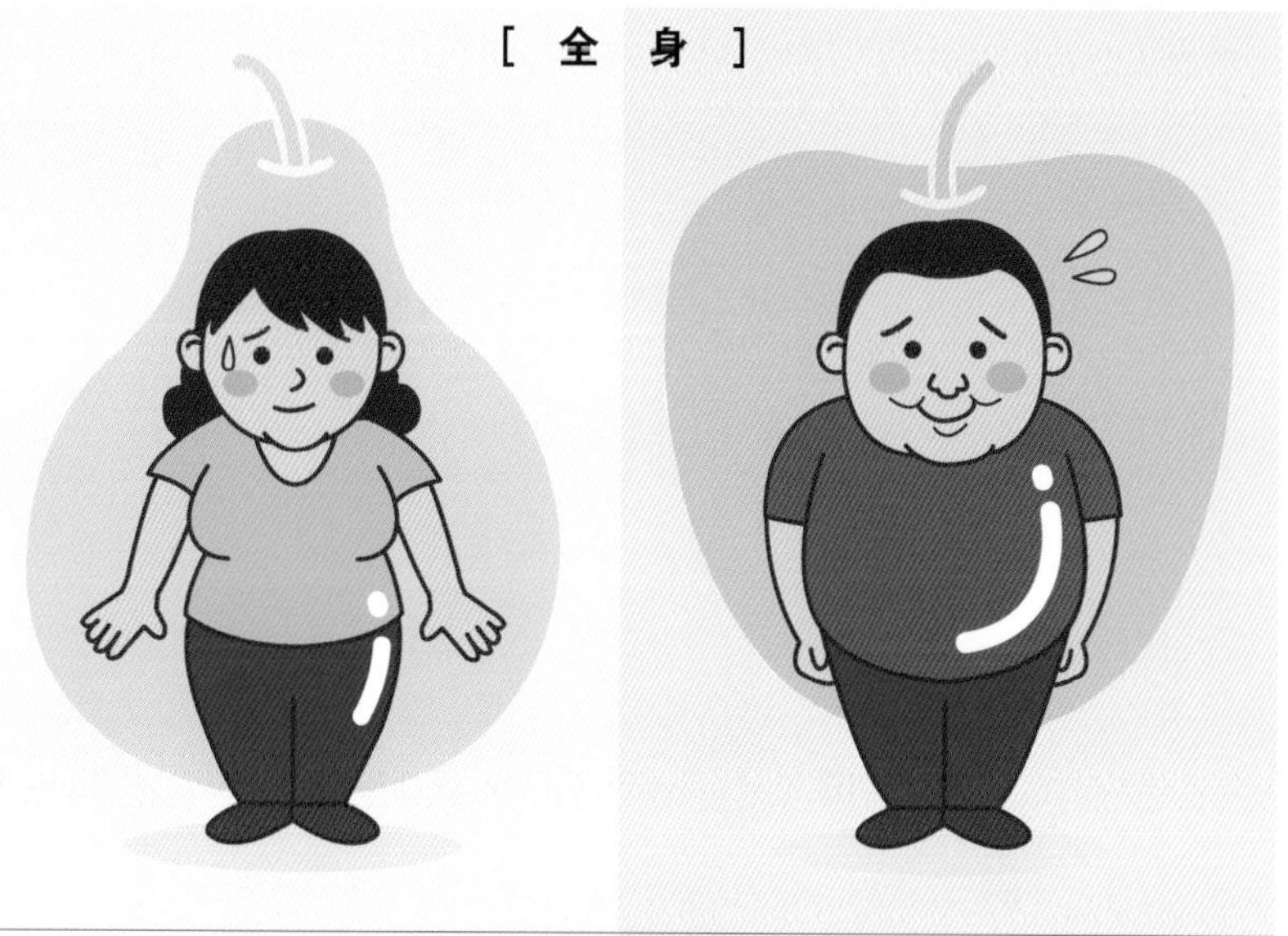

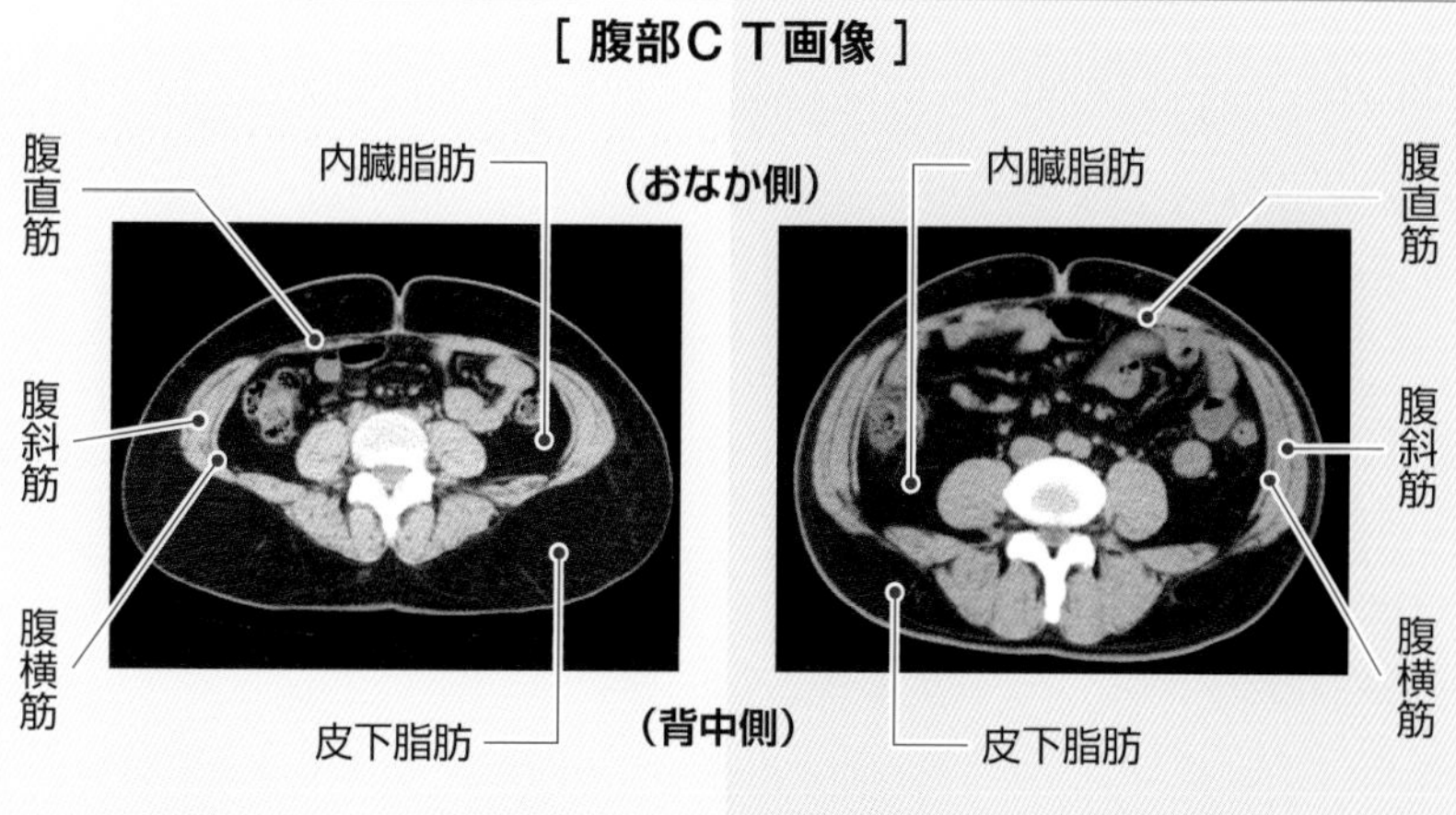

洋ナシ型肥満の人によく見られるのがお尻の垂れです。若いときにはプリッと丸かったお尻が、加齢とともにだんだんと形が崩れていっています。これは美腹筋の衰えに加え、お尻全体のふっくらした丸みを作り出している大殿筋（だいでん）や、それを引き上げる中殿筋（ちゅうでん）、下から支える太ももの大腿（だいたい）四頭筋の筋肉量も減り、皮下脂肪が増えてくるからです。それに伴ってたまりやすくなるのが「セルライト」です。いわゆるセルライトとは脂肪細胞が固まって、皮膚の下に凹凸が形成された状態をいいます。

脂肪細胞は、体の中で脂肪をためる貯蔵庫のような役割を果たしている細胞です。太った人の脂肪細胞は大きくなって脂肪をため込むことが知られています。脂肪細胞が肥大化すると、細胞の周りの毛細血管が圧迫されて血流が滞り、その周囲に老廃物や余分な水分などが蓄積します。やがて老廃物と脂肪細胞が混ざり、徐々に表皮を押し上げて、皮膚がみかんの皮のように凸凹になってくるのです。この様子がオレンジの表面に似ていることから、セルライトは英語ではオレンジピールスキンと呼ばれます。

セルライトを放置すると、血行不良によって冷えやむくみが起こりやすくなります。また、皮膚の凸凹は見た目にもあまりよくありません。セルライトはお尻のほかに、もともと脂肪が多い太ももや、動かすことが少ない二の腕にも生じやすいものです。

洋ナシ型肥満が特に美容面で問題になるのに対し、リンゴ型肥満は健康状態そのものを悪化させることがわかっています。近年、内臓脂肪の脂肪細胞は単に脂肪を貯蔵するだけでなく、さまざまなホルモンを分泌（ぶんぴつ）する内分泌器官としての役割を持っていることが明らかになってきました。

脂肪をため込んで脂肪細胞が肥大化すると、分泌されるホルモンの種類や量が変化し、いろいろな病気のリスクを高めます。例えば、アディポネクチンというホルモンは心臓の機能を保護したり、動脈硬化を抑えたりする働きがありますが、内臓脂肪が増えるとその分泌量が減り、心不全や脳卒中などのリスクが高まります。さらに、血糖値を上昇させるＴＮＦ-α（アルファ）や血圧を高めるアンジオテンシノーゲンという物質の分泌量も増えるため、糖尿病や高血圧が起こりやすくなります。また、満腹感を覚えさせるレプチンというホルモンが過剰に増えることでその働きが低下し、逆に満腹感を覚えにくくなります。そのほか、認知症の発症リスクが高くなる、大腸がんや肝臓がんが起こりやすくなるといった報告もあります。

ベルトの上にボテッと腰肉が乗っかる「浮き輪肉」の脂肪をそぎ取るには、美腹筋①「腹横筋」の強化が大切

肥満の中でも悩む人が特に多い「おなか太り」をよく見ると、大きく3つのタイプに分けられます。

まず1つめの「浮き輪肉」は、ズボンやスカートの上にボテッと腰肉が乗っかった状態のこと。ベルトを締めたときに、まるで腰周りに浮き輪をつけたようになる体型に悩んでいる人も多いでしょう。太ももまではズボンが入るのに、そこから上に持ち上げることができなくなるのも浮き輪肉の特徴です。寒い季節は重ね着をすることで何とかごまかせていても、薄着になるとおなかの浮き輪肉がより目立つようになります。

浮き輪肉は、デスクワークで座りっぱなしの人や、家で寝転びながらゴロゴロしている人に起こりやすいので要注意。こうした悪い姿勢が長時間続くと、おなか周りの血流が悪くなり、余分な脂肪がおなかや背中にたまりやすくなります。さらに、悪い

浮き輪肉タイプチェックリスト

- □ ベルトを締めると、おなか・脇(わき)腹・背中の肉がベルトからはみ出る
- □ 太ももまでズボンがらくに入るのに、そこから腰まで上げづらい
- □ 手でおなかの肉をつまめる
- □ デスクワークで座りっぱなしでいることが多い
- □ 家で寝転びながらゴロゴロしていることが多い
- □ 腰痛がある
- □ 便秘ぎみである

姿勢は3つの美腹筋(ビバラキン)の衰えにもつながります。

ちょっとおなかをへこませてみてください。腹筋に力が入り、腹部が硬くなっているのがわかるでしょう。このとき働いているのが美腹筋のうちの「腹横筋」です。腹横筋は体を安定させて姿勢を保つほか、腹圧を高める役割を果たしています。そのため、悪い姿勢が続くと腹横筋が薄くなってペラペラになり、そこに皮下脂肪が蓄積されて浮き輪肉になってしまうのです。

浮き輪肉になると、背中の筋肉の負担が増え腰痛の原因にもなります。さらに排便時に必要な腹圧がかからなくなって腸への刺激が少なくなり、便秘も引き起こされます。

おなかがぽっこり突き出す「たいこ腹」を引っ込めるには、美腹筋②「腹直筋」の筋肉アップが必須

2つめの「たいこ腹」は、おなかが突き出たようにぽっこり丸みを帯びた状態のこと。おなかが膨らんだ状態がビールの樽(たる)に似ていることから「ビール腹」とも呼ばれています。たいこ腹は男性に多く、40歳を過ぎたころから急におなかだけがポコッと出るようになるのが特徴です。浮き輪肉タイプは自分の手でおなかをつまむことができるのに対し、たいこ腹はおなか周りの脂肪が手でつまめないほどパンパンに張った状態になります。

たいこ腹は内臓脂肪型肥満が原因として考えられます。40歳を迎えたころから基礎代謝が落ちていくため、若いときと同じ食生活を続けていると内臓に脂肪がたまりやすくなるのです。カロリーをとりすぎているのに、運動不足のためにカロリーを消費していないことが原因です。ふだんから運動をしていない人や、つい食べすぎてしまったり間食が多かったりする人は要注意。ストレスが多くお酒をよく飲む人も、たい

たいこ腹タイプチェックリスト

- □ ベルトを締めると、ベルトの上におなかが乗っかる
- □ おなかが張っていて、手でおなかの肉をつまみにくい
- □ 若いときと同じ食生活を続けている
- □ ストレスが多い
- □ ほぼ毎日お酒を飲む
- □ 反り腰である
- □ 肩こりや腰痛がある

こ腹になりやすいといわれています。

そして、たいこ腹を引き起こすもう一つの要因が3つの美腹筋(ビバラキン)の衰えです。中でも「腹直筋」を強化すると、基礎代謝が上がって消費カロリーが増えるため、たいこ腹の改善につながります。

腹直筋は腰を前方に丸めたり、骨盤を引き上げたり、脊柱(せきちゅう)（背骨）を直立の状態に維持したりするなど、正しい姿勢に保つために重要な働きを担っています。そのため、たいこ腹の人にしばしば見られるのが反り腰です。腹直筋が衰えると、腰をかがめることができずに背中の筋肉に引っ張られて、腰が反り返ってしまうのです。正しい姿勢を保ちにくくなることから、肩こりや腰痛の悪化にもつながります。

運動を頑張っても取れにくい「たるみ脇腹」がキュッとくびれたウエストになるには、美腹筋③「腹斜筋」の厚みを増すのが肝心

3つめの「たるみ脇腹（わき）」は、脇腹がたるんでくびれのない状態のこと。いつまでも若々しいスタイルに見られるためには、キュッとくびれたウエストが欠かせません。

BMIをチェックすると標準体重なのに、脇腹のたるみが気になると悩んでいる人は意外に少なくありません。食事制限や運動を頑張っても取れにくいのが脇腹の脂肪といえるでしょう。

たるみ脇腹も3つの美腹筋（ビバラキン）の衰えで引き起こされます。中でも大きな要因となるのが、外腹斜筋と内腹斜筋から構成される「腹斜筋」の衰えです。ゴルフやテニスのスイング、野球のバッティングなどの動作をしてみましょう。体をひねっているはずです。この〝ひねり〟の動作で主に働いているのが、脇腹にある腹斜筋です。

ふだん、脇腹はあまり動かすことがないので、もともと脂肪が蓄積しやすい部位でもあります。そのため腹斜筋が衰えると、脂肪が腹斜筋の周辺にどんどんたまり、あ

たるみ脇腹タイプチェックリスト

- □ 手で脇腹の肉をつまめる
- □ BMI（体格指数）は標準体重だ
- □ 食事制限をしてもやせにくい
- □ 体をひねる動作がしづらい
- □ 体を横に曲げにくい
- □ ねこ背と指摘されたことがある
- □ 出産の経験がある

れよあれよという間にブヨブヨのたるみ脇腹に変わっていきます。

腹斜筋はそのほかの美腹筋（腹横筋や腹直筋）と連携して、内臓をおなかの横から支える役割も果たしています。そのため、腹斜筋が衰えると内臓が垂れ下がり、脇腹のたるみがいっそう促されてしまうのです。また、ねこ背で姿勢が悪化すると腹斜筋に過剰な負担がかかり、衰えやすくなるのも要注意です。

女性の場合、妊娠によって子宮が大きくなり、腹直筋や腹横筋とともに腹斜筋も伸びるようになります。出産を終えて子宮が小さくなっても腹斜筋など3つの美腹筋が伸びたままになり、たるみ脇腹を引き起こすこともあります。

その他のおなか太り

「ウエストはそれなりにくびれているのに下腹がぽっこり」「かがんだときにおなかがみぞおちにくっついて邪魔」——そんな人も多いでしょう。これは年齢とともにおなかの美腹筋が衰え、内臓を支える力が弱まり、内臓が下がるとともに脂肪も蓄積されて、おなかが前にせり出してくるのが大きな原因です。

このようにおなか太りといってもいろいろな種類があります。そこに共通しているのは、3つの美腹筋の萎縮（いしゅく）です。

おなか太りは生活習慣病のリスクを高める危険があり、正しい姿勢も保ちにくくなることから、腰痛や肩こりなどに悩まされることにもなりかねません。気に入った洋服を着るのを諦めたり、スタイルに自信が持てずに人とのコミュニケーションを避けるようになったりしては、生活の質（ＱＯＬ）の低下につながります。

おなか太りを解消するには、美腹筋の萎縮を抑えて、筋肉量を増やして厚くすることが何より肝心。そうすれば美腹筋の周囲にたまった脂肪が減って、おなかは自然と引き締まり、おなか太りの解消につながるのです。

3つの美腹筋は「永年無料で天然の体型補正下着」

体脂肪や内臓の重みを美腹筋で押さえ込めばキレイにやせられます

体を締めつける体型補正下着も、たるみを押さえ込むガードルももう不要！

3つの美腹筋は生まれながらに備わった天然の体型補正下着

おなか太りを解消するには、体内で最も多くのエネルギーを使う「筋肉」を増やすことが重要です。筋肉を刺激する運動によって、基礎代謝が上がってきます。安静時に基礎代謝量が最も高いのは筋肉の22％です。基礎代謝が上がれば、何もしなくてもエネルギーを消費することができ、おなかやせにも役立つのです。

私は、おなかにある腹横筋・腹直筋・腹斜筋という3つの「美腹筋（ビバラキン）」に注目しました。美腹筋の筋肉を増やせば、基礎代謝が効率的に上がります。おなかの皮下脂肪や内臓脂肪が減ることも画像検査で確かめられており、筋肉の働きが活発になることで「天然の体型補正下着」の役割を果たし、たるみを押さえ込むガードルも不要になるのです。

1日のエネルギー消費量と基礎代謝の内訳

1日のエネルギー消費量

食事誘発性熱産生	10%
身体活動	30%
基礎代謝	60%

基礎代謝の内訳

骨格筋	22%
肝臓	21%
脳	20%
心臓	9%
腎臓	8%
脂肪組織	4%
その他	16%

筋肉は体内で最もエネルギーを消費する器官

出典：厚生労働省「身体活動とエネルギー代謝」「加齢とエネルギー代謝」

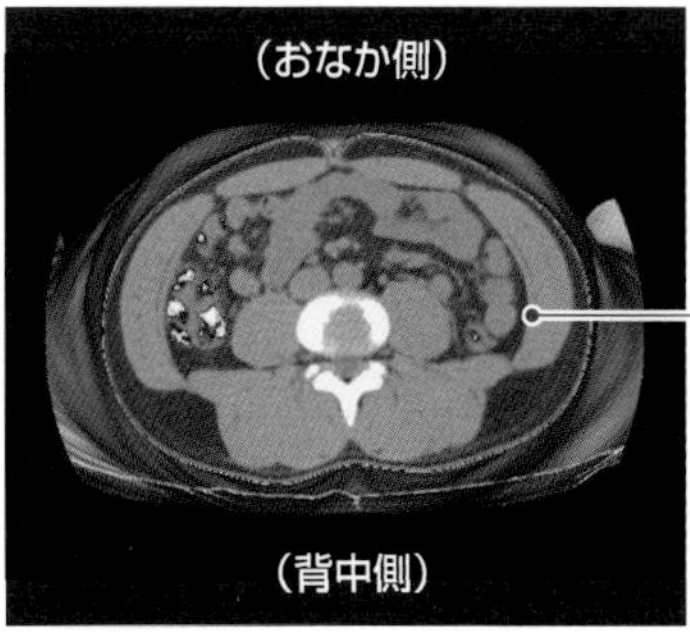

(おなか側)
(背中側)

ココが 美腹筋①
ふくおうきん
腹横筋

腹横筋が増えると、体のバランス能力が向上し、運動パフォーマンスが最大限に発揮されやすくなる。

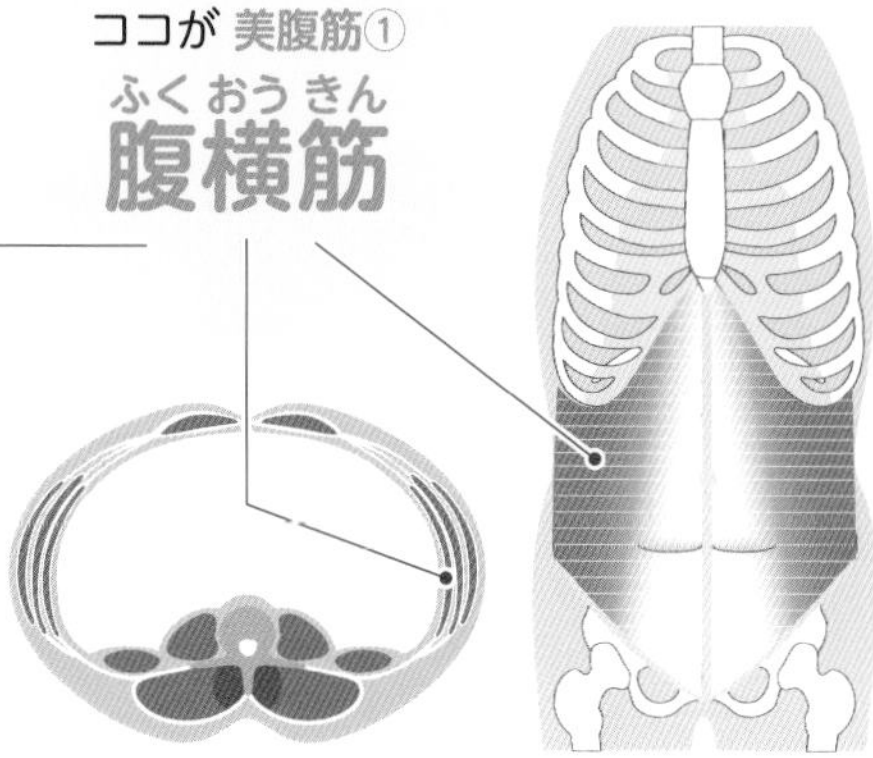

美腹筋① 腹横筋

腹横筋は、おなかの筋肉の中で最も深いところにある「インナーマッスル」と呼ばれる筋肉で、腹部全体を覆うようにしてついています。主な働きは、おなかを圧縮して腹圧を高めて内臓を保護し、体幹を安定させること。まさにコルセットのような役割をしています。

実際、おなかを引っ込めると腹筋に力が入り、腹部が固くなって体幹が安定します。このときに働いているのが、腹横筋なのです。

腹横筋の筋肉量が増えると、体幹を安定させる力が高まることにより、ねこ背などの姿勢の改善や、腰痛の軽減が期待できます。

さらに体のバランス能力が向上し、運動のパフォーマンスも最大限に発揮されやすくなります。

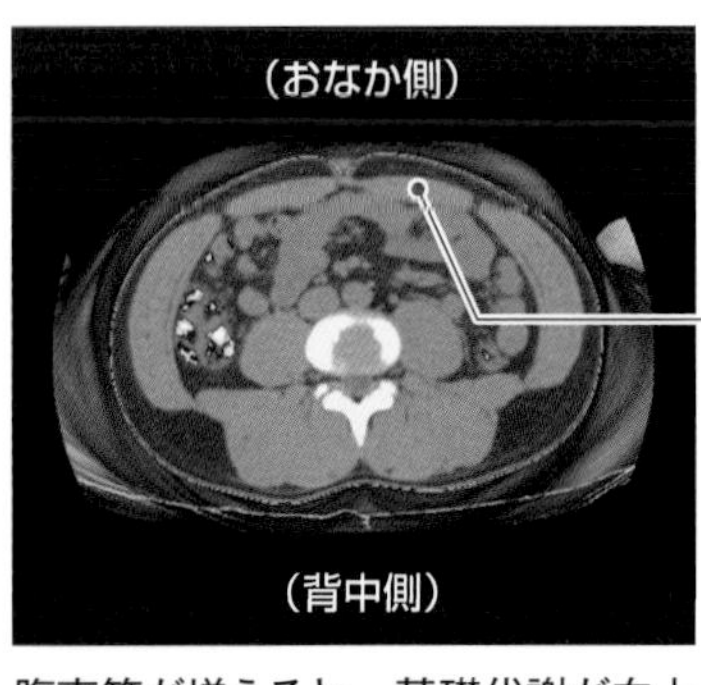

腹直筋が増えると、基礎代謝が向上しておなかの脂肪燃焼効果が高まる。腹直筋の上部が「シックスパック」。

ココが 美腹筋②
ふくちょくきん
腹直筋

美腹筋② 腹直筋

腹直筋はおなかの前面にある縦に長い筋肉です。肋骨から恥骨にかけて走っています。腰や脊柱（背骨）を動かして前屈したり、回旋させたり、体をまっすぐに保ったりする働きがあります。外部の衝撃から内臓を保護するほか、内臓下垂を防いでいるのも腹直筋のおかげです。

腹直筋の筋肉量が増えると、基礎代謝が向上するため、おなかの脂肪燃焼効果が高まることが期待できます。余分な脂肪が落ちると、腹直筋上部のいわゆる「シックスパック」が見えてきます。シックスパックは鍛えてできるものではなく、もともと誰でも6つに分かれており、脂肪で隠れているだけなのです。

また、腹直筋下部の筋肉量がアップすると、下腹部が膨らんだ「ぽっこりおなか」の解消に役立ちます。

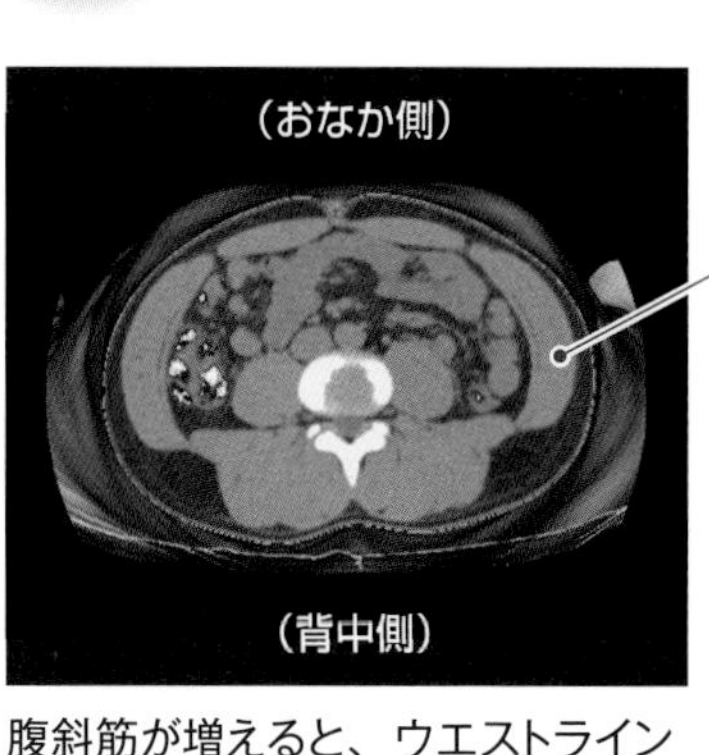

腹斜筋が増えると、ウエストラインが引き締まり、美しいくびれが実現できる。

ココが 美腹筋③
腹斜筋(ふくしゃきん)
A 外腹斜筋
B 内腹斜筋

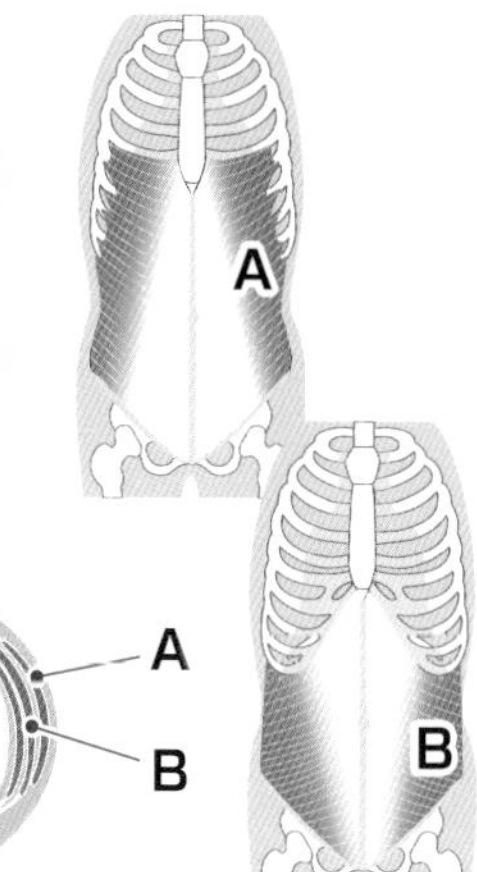

美腹筋③ 腹斜筋

腹斜筋はおなかの側面を覆う筋肉で、外側にある外腹斜筋、内側にある内腹斜筋に分けられます。外腹斜筋は表層、内腹斜筋はそのすぐ深部の筋肉です。腹斜筋は体をひねったり、横に傾けたりするときに使われ、体幹を固定する働きもあります。内臓をおなかの横から支える役割も果たしています。

運動によって腹斜筋が増えると、「くびれ」を実現することができます。おなかのくびれは、肋骨(ろっ)と骨盤の間にできるへこんだラインのこと。実は、腹斜筋はくびれの位置にあるのです。

腹斜筋を鍛えることで脂肪が燃焼すれば、美しいくびれをつくることができます。くびれができることによって、ウエストラインがキュッと引き締まってきます。

美腹筋など全身の筋肉をCT画像で見ると20歳代では厚みがあるが、50～60歳以上になると薄くペラペラ化して縮こまっていた

おなか太りは加齢とともに進行しやすくなっていきます。腹横筋・腹直筋・腹斜筋の3つの美腹筋は年代によって、どのような違いがあるのでしょうか。肥満ではない一般的な20歳代と50歳代以上のおなかの筋肉をCT画像で比較してみました。その結果、20歳代の美腹筋はいずれも厚みがありますが、50歳代以上の美腹筋は萎縮してペラペラになっていることがわかりました（21ページの画像参照）。

おなかの美腹筋だけでなく、全身の筋肉もCT画像で比較してみました。すると、腸腰筋・脊柱起立筋・大殿筋や中殿筋・大腿部（太もも）の筋肉も萎縮していたことがわかったのです。これらの筋肉は姿勢や歩行、体のバランスなどに深く関係しています。

腸腰筋は大腰筋、小腰筋、腸骨筋の3つの筋肉の総称で、腰から太ももの付け根に

背中や腰周りの筋肉もペラペラ化

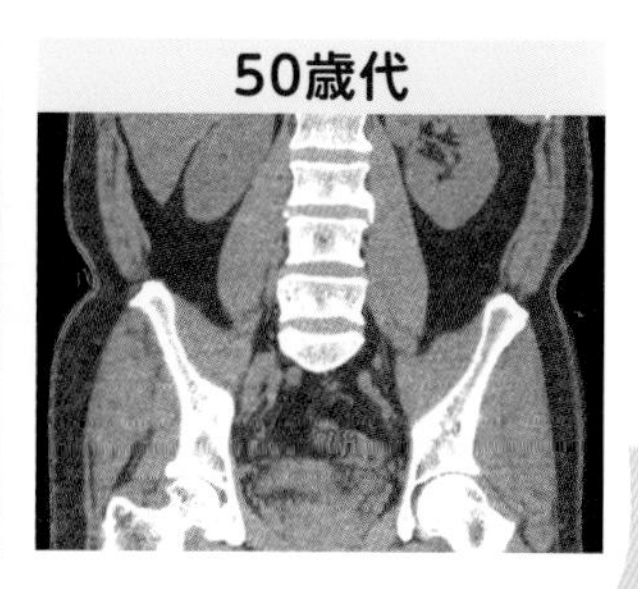

腸腰筋の位置

大腰筋
腸骨筋
小腰筋

肥満ではない20歳代男性と50歳代男性のCT画像を比較すると、背中の脊柱起立筋や腰周りの腸腰筋などの筋肉（グレーの部分）が萎縮して薄くなっており、50歳代ではおなかに脂肪（黒の部分）が蓄積していることがわかる。

かけて、左右対称に存在しています。上半身をつなぐ唯一の筋肉です。腸腰筋は良い姿勢を保つほか、太ももやひざを上げるなどの役割を果たしています。腸腰筋が衰えると、骨盤を前方に引き出す働きが低下し、骨盤が後傾してねこ背になりやすいほか、内臓を支える力も緩み、「ぽっこりおなか」も目立つようになります。

脊柱起立筋は腸肋筋、最長筋、棘(きょく)筋からなる筋肉で、首から腰にかけて背骨に沿うように走っています。その名のとおり、脊柱（背骨）を立たせておくための筋肉で、姿勢の維持には欠かせません。私たちの体の重心は背骨よりも前方にあるため、常に前に倒れようとする力が働いています。前に傾くことがないよう、常に体のバランスを取ってくれるのが脊柱起立筋です。この筋肉が衰えると、体が前傾してねこ背になりやすくなるほか、背中にもったりとしたぜい肉がつき、たるみも出てきます。

大殿筋はお尻の中でも最も大きな筋肉で、骨盤の後ろから太ももの横にかけて伸びています。立つ、歩く、姿勢を維持するために必要な筋肉です。お尻の丸みも作り出しています。大殿筋が衰えると、立ったり座ったりするときに体のバランスを崩しやすく、転倒のリスクも高まります。また、お尻のトップの盛り上がりがなくなり、垂れ下がってしまいます。そのため、足も短く見えてしまいます。一方、中殿筋はお尻上部の外側にある筋肉です。骨盤を支えたり、股関節を動かしたりする働きがあります。中殿筋が衰えると、歩行中にふらつきが出やすくなるなど、安定感を欠いてしまいます。

大腿部の筋肉は太ももの前面にある大腿四頭筋、裏側にあるハムストリングス、内側にある内転筋という3つの筋肉で構成されています。大腿四頭筋は股関節を曲げる、ひざを伸ばすといった役割があり、日常生活では歩く、走る動きのときに使われます。ハムストリングスは大腿四頭筋と反対の働きをし、股関節を伸ばしたり、ひざを曲げたりする役割があります。内転筋には骨盤を安定させる働きがあります。大腿

お尻の筋肉も加齢でペラペラ化

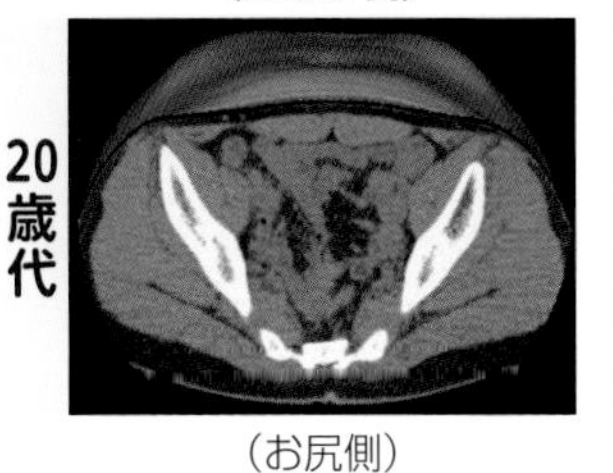

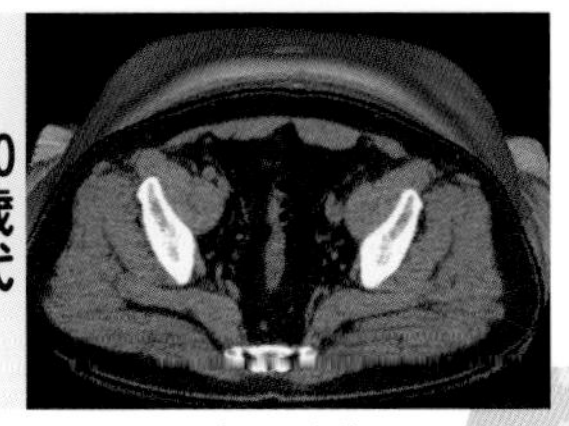

大殿筋の位置

大殿筋

20歳代男性のお尻には筋肉（グレーの部分）がたくさんあってお尻もキュッと盛り上がっているが、50歳代男性のお尻は筋肉が減って脂肪がたまり、お尻の丸みもなくなっている。

部の筋肉が衰えると、太ももがむくみ、セルライト（脂肪のかたまり）もできやすくなります。セルライトができると、血流が滞って冷えやむくみが悪化するだけでなく、代謝も悪くなることから太りやすい体にもなってしまいます。

20歳代と50歳代以上を比較すると、50歳代以上はおなか周りの筋肉のほか、全身の重要な筋肉も萎縮していました。それだけでなく、CT画像によって、皮下脂肪と内臓脂肪が増えていることも明らかになりました。加齢とともに筋肉は萎縮し、基礎代謝量は低下します。エネルギーが消費されにくい体になっていくことで、皮下脂肪と内臓脂肪がどんどん増えていきます。それが「加齢太り」です。全身の筋肉の萎縮が加齢太りの引き金になっているといえるのです。

しかも、20歳代では脂の少ない「赤身肉」のようなおなかが、50歳を過ぎると脂たっぷりの「霜降りおなか」になることも画像診断で判明

体脂肪は内臓脂肪と皮下脂肪に分かれますが、近年、第3の脂肪として「異所性脂肪」が注目されています。内臓脂肪は主に腸など内臓の周りにつき、皮下脂肪は皮膚の下にある皮下組織につきます。一方、異所性脂肪は皮下脂肪や内臓脂肪の脂肪組織に入り切らなくなった脂肪が、本来たまるはずのない場所に蓄積されたものです。異所性脂肪が見られる場所としては筋肉、肝臓、膵臓、心臓などが挙げられます。

おなかの筋肉についた異所性脂肪をMRI画像で見ると、「霜降り肉」のように見えます。霜降り肉は、赤身肉に霜が降りたように網目上に白い脂肪が沈着した肉のこと。異所性脂肪は筋肉の「霜降り化」ともいえます。一方、異所性脂肪がほとんどない筋肉をMRI画像で見ると、脂身の少ない赤身肉に見えます。赤身肉のおなかは20歳代に多いのに対し、霜降り肉のおなかは50歳代以降に多く見られます。

異所性脂肪は本来たまるはずのない脂肪であり、限りなくゼロに近づけることが理

加齢とともに
筋肉が
「霜降り化」

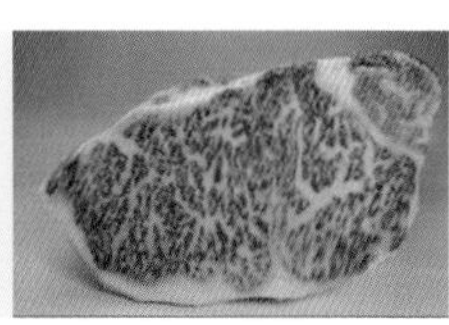

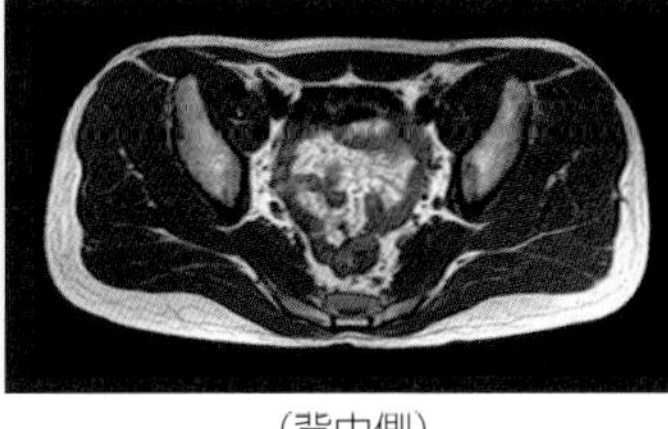

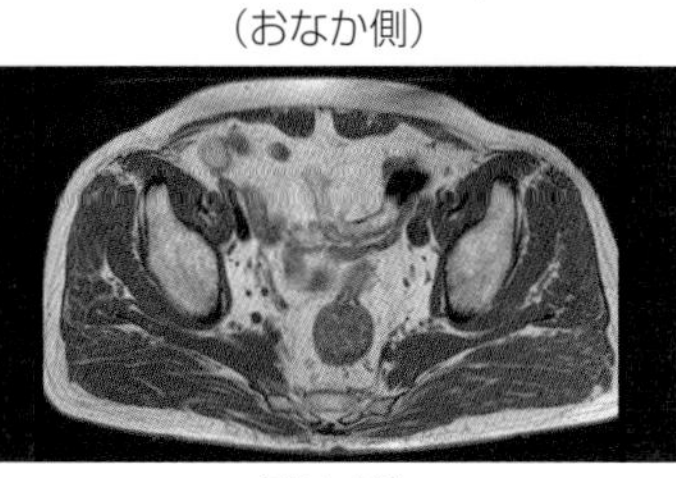

50歳代男性のおなかをMRI画像で見ると、まるで霜が降りたように網目状に脂肪が沈着しているのがよくわかる。一方で20歳代男性ではほとんど見られず赤身肉のように引き締まっている。

想です。筋肉に異所性脂肪が蓄積する原因は、運動不足によって筋肉を動かさない状態が長く続くこと。一般に、加齢とともに運動量や活動量が低下する傾向にあります。長年の運動不足が影響し、脂肪の少ない赤身肉だったおなかは、脂肪がたっぷりついた霜降り肉へと変わっていくのです。

また、異所性脂肪はさまざまな病気の原因となります。脂肪が肝臓にたまると、脂肪肝になります。膵臓にたまれば、血糖値を下げるホルモンのインスリンの合成が低下するなどして糖尿病の発症につながるのです。心臓では血液循環に影響を与え、心臓病のリスクが高まります。筋肉に蓄積すると、インスリンの作用が低下して血糖値が上昇します。このように、異所性脂肪は万病の元といえるのです。

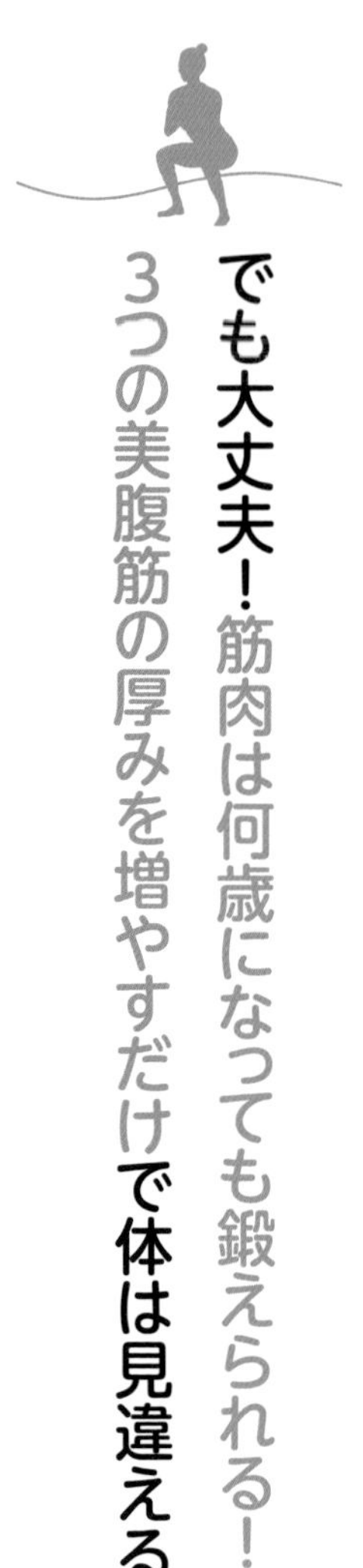

でも大丈夫！筋肉は何歳になっても鍛えられる！
3つの美腹筋の厚みを増やすだけで体は見違えるほど引き締まる

筋肉は驚くほどのスピードで衰えていきます。全く使わない状態の場合、1日で3～5％も萎縮（いしゅく）し筋力も低下します。これを専門的には「廃用性萎縮」と呼ばれ、過度に安静にしていたり、活動量が低下したりしたときに起こる現象です。

人間は生まれてから成長していくにつれ、筋肉量が増えていきます。筋肉量は20歳ごろにピークを迎えます。20歳代と同じような生活スタイルを維持すれば、50歳ごろまでは筋肉量を維持することができます。ところが、女性も男性も55歳を過ぎたころから筋肉量が急激に低下していきます。20歳代以降、運動をほとんどしていなかった人の場合は、さらに筋肉量が落ちていくと考えられます。

筋肉量は、筋肉を構成するたんぱく質の代謝によって決まります。たんぱく質は絶えず「合成」と「分解」をくり返しています。新しいたんぱく質が合成される一方、古いたんぱく質は分解され、常に新陳代謝しています。筋肉の分解速度が合成速度を

年代別筋肉量の比較

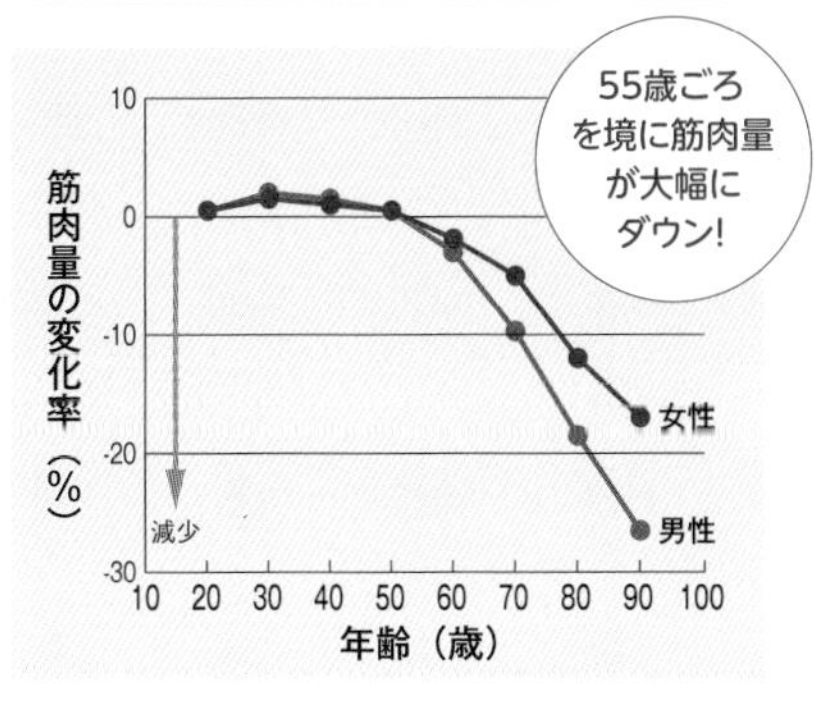

出典：日本老年医学 2010:(47)52-57
「日本人筋肉量の加齢による特徴」

若いころと同じような生活スタイルを送っていても50歳ごろまでは筋肉量を維持できるが、男女ともに55歳ごろを境に急激に低下する。

筋肉を作り出す力の比較

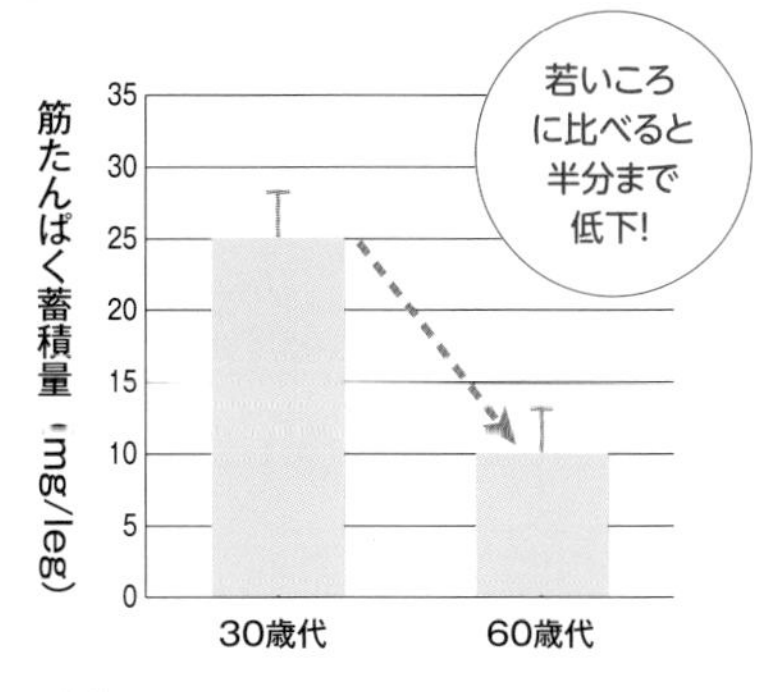

出典：Katsanos CS et al.(2005). Am J ClinNutr.

30歳代と60歳代が同じ量のたんぱく質をとっても、60歳代のほうが筋肉に合成する反応が低下する。

上回れば筋肉量は減少し、逆に合成速度が分解速度を上回れば、筋肉量が増加します。実は、年齢を重ねていくほど、合成速度が落ちて、新しい筋肉を作り出す力も衰えていくのです。そのため、筋肉量は減少していきます。

筋肉量は年齢とともに減っていきますが、一方で使えば使うほど増えていきます。年齢に関係なく、筋肉はよみがえる力が非常に強いのです。人間の体は骨、関節、筋肉によって支えられています。どれも新陳代謝を日々くり返していますが、組織の半分が生まれ変わるために要する期間は骨が7年、関節が11年に対して、筋肉はなんと約48日。ズバ抜けて短くなっています。衰えるスピードも速ければ、生まれ変わる時間も驚くほど速いのが、筋肉の特徴です。

筋肉量は寿命の長さにも関係しています。2011年、米国・ピッツバーグ大学は、75〜84歳の高齢者を対象に「歩く速度」と「10年後の生存率」を調べた結果を医学雑誌に発表しました。

それによると、普通以上の速さ（毎秒1・4メートル以上）で歩けるグループは、歩行速度が遅い（毎秒0・4メートル未満）グループと比べると、10年生存率が3倍以上も高いことがわかりました。歩行速度が速い人、すなわち筋肉量が多い人ほど長生きすることが証明された調査報告です。

筋肉量が多い人は体を支える力が高く、転倒のリスクも少なくなります。また、筋肉は血液中の糖分をためておく貯蔵庫のような働きがあり糖尿病の予防にも役立つほか、免疫機能とも関係して感染症を防ぐ働きもあるなど、筋力アップはいいことずくめです。

全身の筋肉量が増えれば、当然、腹横筋・腹直筋・腹斜筋の3つの美腹筋（ビバラキン）にも厚みが出てきます。基礎代謝は向上し、内臓脂肪や皮下脂肪をどんどん燃焼することができ、異所性脂肪の蓄積を抑えることも可能です。加齢太りによるおなかは徐々に引き締まっていき、キレイにやせることができるのです。

第3章

3つの美腹筋を一挙に強化できる
すごいおなかやせメソッド

それが〝美ボディ女医〟奥田式
「美腹(ビバラ)スクワット」です

美腹スクワットの魅力を
山田トレーナーとともに
解説します！

体操指導
ナイキ・オフィシャルトレーナー
山田海太(やまだかいた)

美腹スクワットは30年に上る画像解剖学の研究から考案！スクワットのやり方も知らなかった私の腹筋が割れた

2018年の秋、私が所属している日本抗加齢医学会の役員から突然電話があり、「分科会の日本メンズヘルス医学会で『見た目の科学とアンチエイジング』というシンポジウムを開くので、画像解剖学の観点から『体型・ダイエット』というテーマで講演してくれないか？」というのです。さらに、「ほかの先生に声をかけたけど、全員に断られてしまった。奥田先生が最後の頼み。ぜひお願いします」と切願されるではありませんか。そこまでいわれたら、断るわけにはいきません。引き受けることにしました。電話を切ったあと、私は考え込みました。医学書に書いてあるようなありきたりの講演ではおもしろくありません。どんな話をしようか……。

ちょうどそのころ私は背中が丸くなってきたことに気づき、姿勢を正すために筋肉を鍛えなくては、と思っていました。それが大きなヒントになりました。

すでに述べたように、若い人とシニアではCTやMRI画像に映し出されるおなか

私の体重の変化

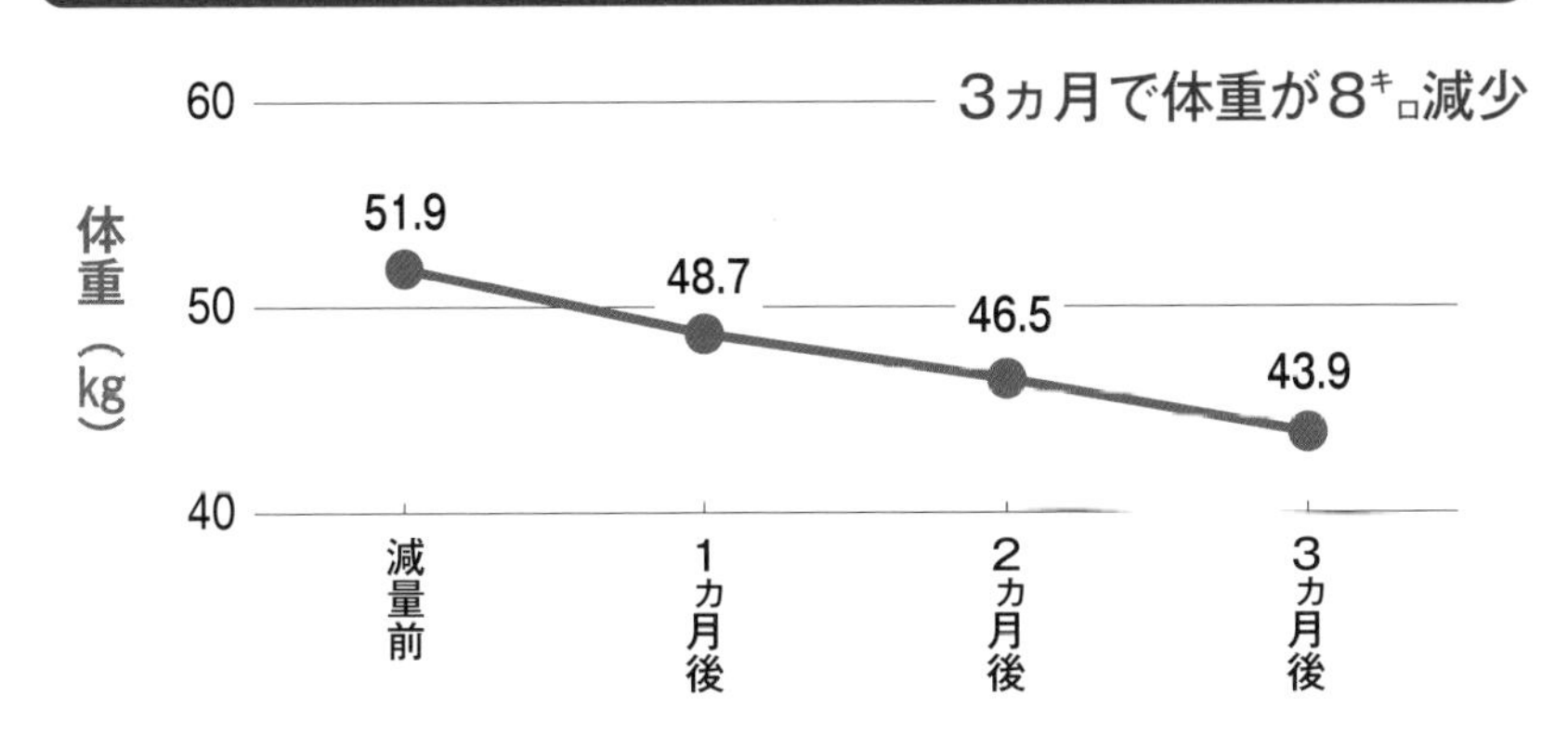

「美腹スクワット」開始時と3ヵ月後のCT画像の比較

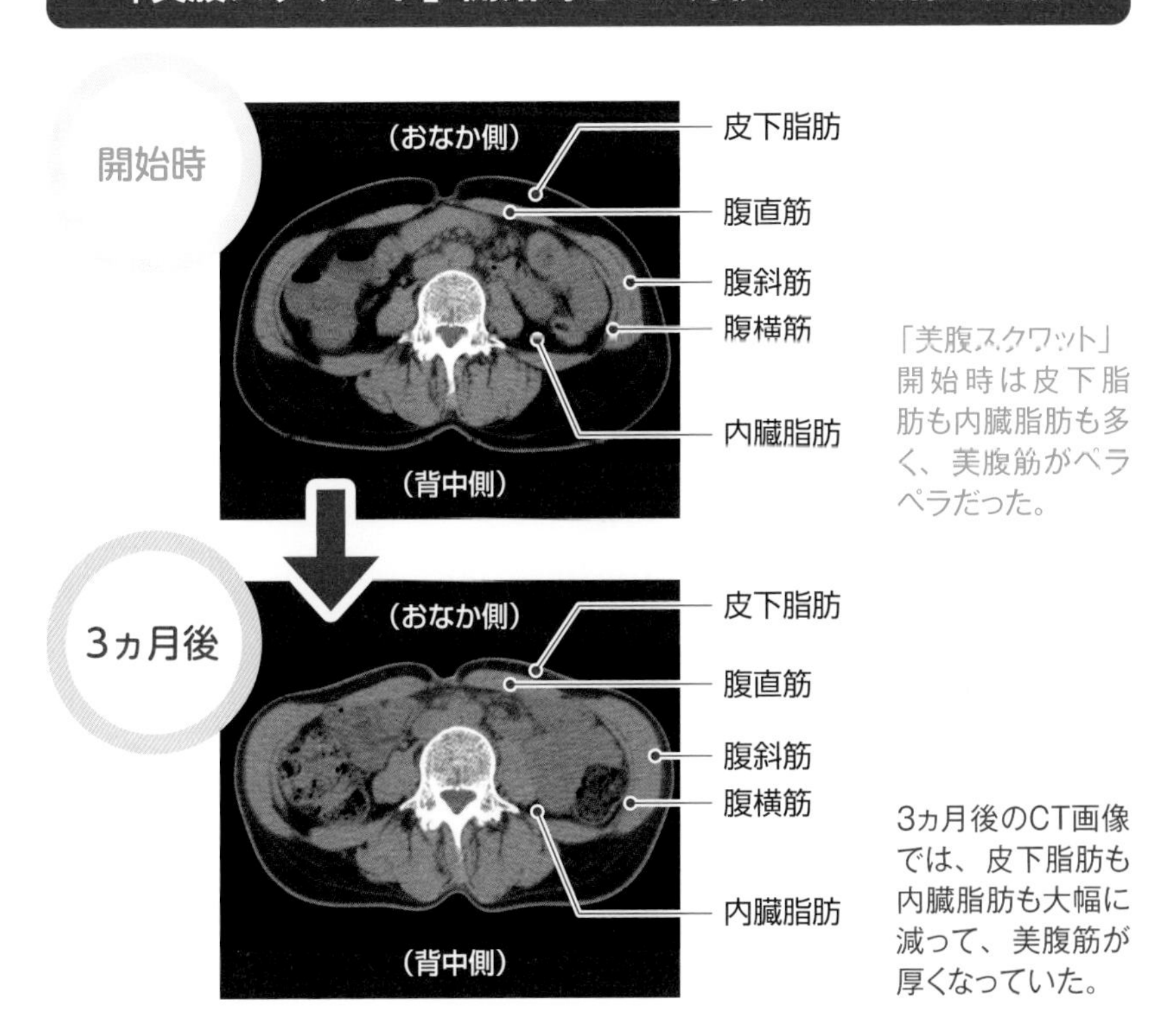

の筋肉のつき方が異なります。私のおなかの筋肉もペラペラになっているのではないかと、自分の腹部のCTを撮ってみました。結果は想像したとおりでした。腹横筋・腹直筋・腹斜筋の美腹筋（ビバラキン）は厚いとはいいがたく、皮下脂肪がたっぷりついていました。

講演内容が決まりました。自分で3ヵ月間筋トレをして筋肉をつければ体型が変わるのか、自分自身の体で確かめることにしたのです。

学会での講演ですから、エビデンス（科学的根拠）に基づいた筋トレでなければなりません。解剖学、老年医学、内分泌（ぶんぴつ）代謝内科などの専門書を読みあさりました。そして、おなか周りの筋肉を増やすには、まず大きな筋肉を鍛えることが効果的だと考えました。ジムのトレーナーと相談しながら始めたのが「美腹スクワット」です。

それまで私は運動らしい運動をほとんどしたことがありませんでした。スクワットでひざを曲げることはできても筋力がなくてそこから立ち上がれない、そんな状況からのスタートでした。激しい筋肉痛も起きました。それでも週1~2回ジムに通ううちに、スムーズに体を動かせるようになり、体重やウエストが少しずつ減少していきました。3ヵ月がたち再びCTを撮ると、3つの美腹筋の厚みが増し、皮下脂肪や内臓脂肪は大幅に減少。腹筋が見事に割れた体型に一変したのです。

美腹筋を厚くするには上体起こしの腹筋よりも大型筋肉の集合体「太もも」を鍛えるのがベスト

脂肪のついたおなか太りをすっきり解消させたいときに行う筋トレといえば、上体を起こす腹筋運動や、うつ伏せで体幹部を浮かせた姿勢を保持するプランクを思い浮かべる人が多いのではないでしょうか。確かに、腹筋運動やプランクはおなかの筋肉を使うので、美腹筋（ビバラキン）を鍛えることはできます。しかし、私が取り組んだのはスクワットで太ももを中心に鍛えて美腹筋の厚みを増すことでした。

ここで筋肉の基本的な知識をおさらいしておきましょう。筋肉には心臓壁を作る「心筋」、内臓や血管壁を作る「平滑筋（へいかつきん）」、体全体を覆う「骨格筋」の3種類があります。一般に「筋肉」という場合は、骨格筋を指します。

人間の筋肉（骨格筋）は全身の骨にくっついていて、その数は400個以上あり、体重の40～50％を占めます。筋肉は関節を挟んで骨と骨をつなぎ、伸び縮みすることによって手を伸ばしたり、足を踏み出したりするなど体を動かす働きをします。そしてもう一つ、筋肉の重要な役割が熱を作り出すこと。筋肉は人体最大の熱産生器官です。

人間が生命を維持するために最低限必要なエネルギー量を基礎代謝量といい、その多くは筋肉が生み出す熱が占めています。筋肉量が多ければ多いほど、基礎代謝量が増えるので、より多くのエネルギーを消費できます。そうなれば、余計な脂肪がエネルギーとして使われ、脂肪を減らすことができます。おなかやせは筋肉量を増やして脂肪を少なくすることで実現できます。

そして、大きい筋肉を増やしたほうがより基礎代謝が増え、脂肪の燃焼効率も上がります。全身にさまざまある筋肉のうち7割近くは下半身に集中しています。最も大きい筋肉が太ももの前側についている大腿四頭筋で、次がお尻の表面にある大殿筋です。足のつけ根からひざ裏まで続くハムストリングスも大きい筋肉です。

筋肉は大きい筋肉から鍛えると全身の筋肉量が効率よく増えます。ですから、腹筋運動やプランクなどで美腹筋を増やそうとするよりも、スクワットで太ももを中心に鍛えるほうが効率よく美腹筋の筋肉量がアップでき、基礎代謝も向上してエネルギー消費量も多くなります。

体の中の主な筋肉群

お尻を含めた下半身には全身の筋肉の約7割が集中している。ここを鍛えることで効率よく美腹筋の筋肉量を増やすことができる。

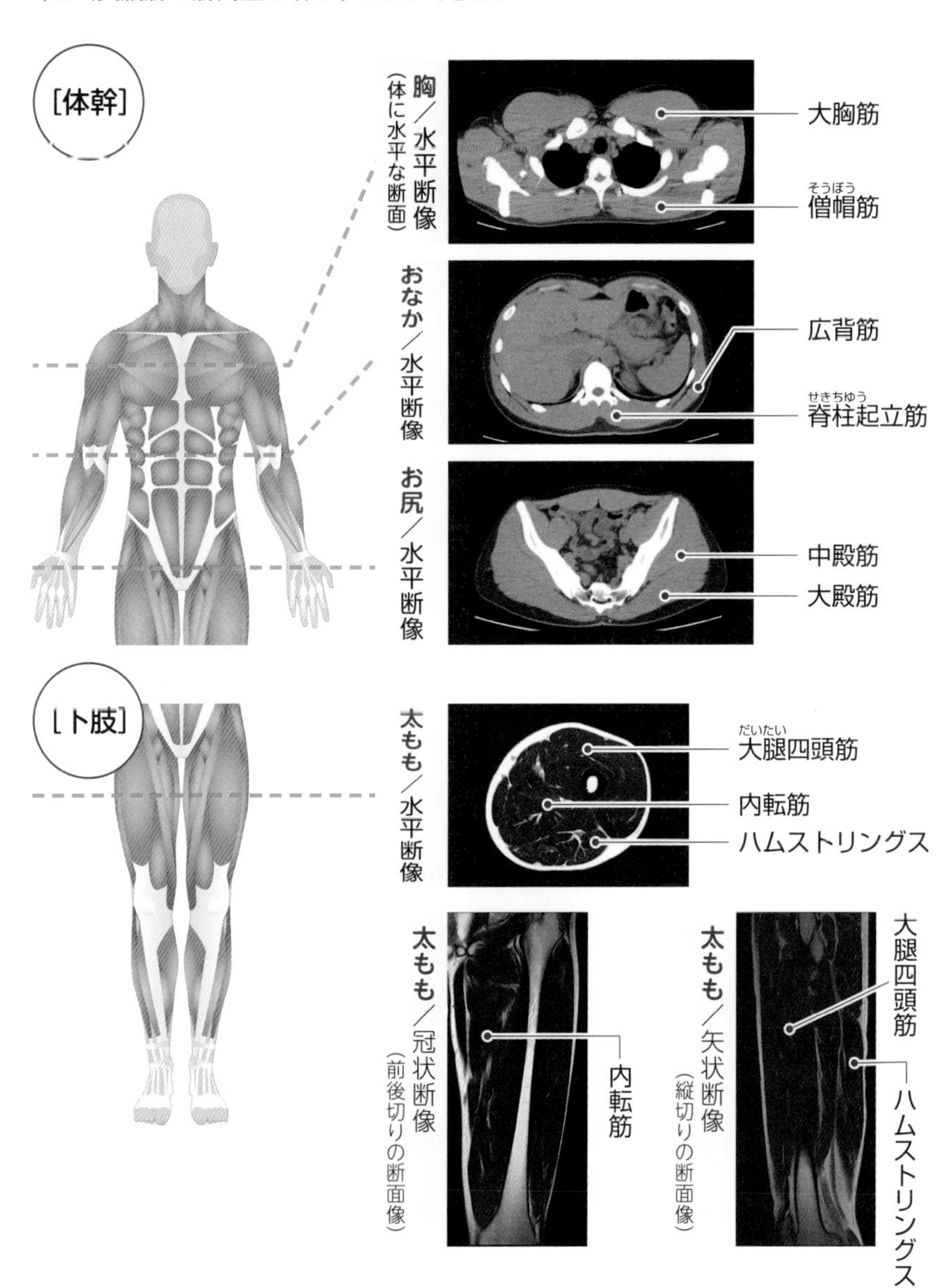

スクワットはきつそう……そんなあなたこそ即実践！
美腹スクワットはたった2つのポーズをくり返すだけ

美腹（ビバラ）スクワットはとても簡単！
2つのポーズを楽しんで行いましょう

スクワットはしゃがむ、立ち上がるの2つの動きだけですから、シニアでも簡単に取り組めます。美腹（ビバラ）スクワットは1セット1分でできます。ご自身の体型の悩みに応じて、それぞれの運動を組み合わせながら実践しましょう。鍛える部位を意識して行うと、効果が高くなります。

筋肉は筋トレによって傷つけられ、それを修復することで太くなります。毎日筋トレを行うと修復期間がなくなります。筋トレは週に2回程度で十分です。

美腹スクワットの 準備運動

股関節を柔軟にして
足腰が楽に動かせるように
準備運動をしましょう。

四つんばい足ほぐし

❶〜❸で1セット
1セット行う

❶ 両手は肩幅に開き、四つんばいの姿勢になる

❷ 片ひざを浮かせ、股関節を軸に内側に6回回す。外側へも同様に行う

❸ 足を替えて❷を同様に行う

座り片ひざ倒し

❶〜❸で1セット
1セット行う

❶ 床に座り、両ひざを立て足を肩幅より広く開き、両手を後ろにつく

❷ 片ひざを内側に倒して戻す。5回行ったら外側へも同様に行う

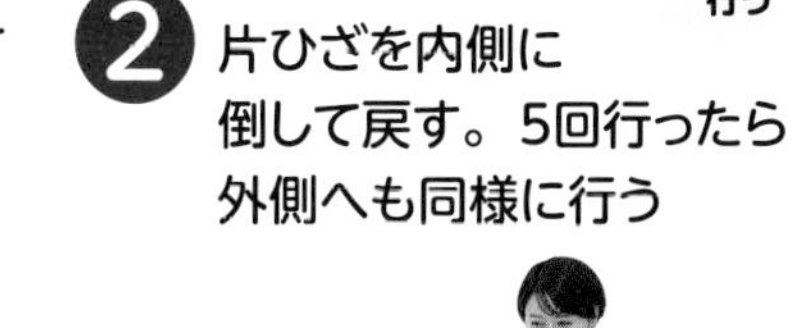

❸ 足を替えて❷を同様に行う

注意 体操を行うさいは無理せずできる範囲で行うこと。途中で痛みなどが生じたら中止しましょう。

【基本編】 基本の「美腹スクワット」

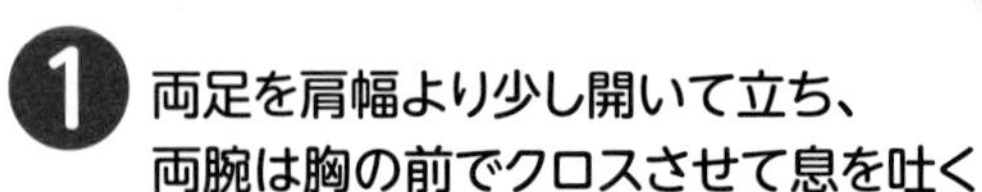

1 両足を肩幅より少し開いて立ち、
両腕は胸の前でクロスさせて息を吐く

2 あごを引き斜め下を見る。
息を吸いながらお尻（しり）を突き出すように
上体を少し前傾させながら
2秒かけてゆっくりと
腰を下ろす

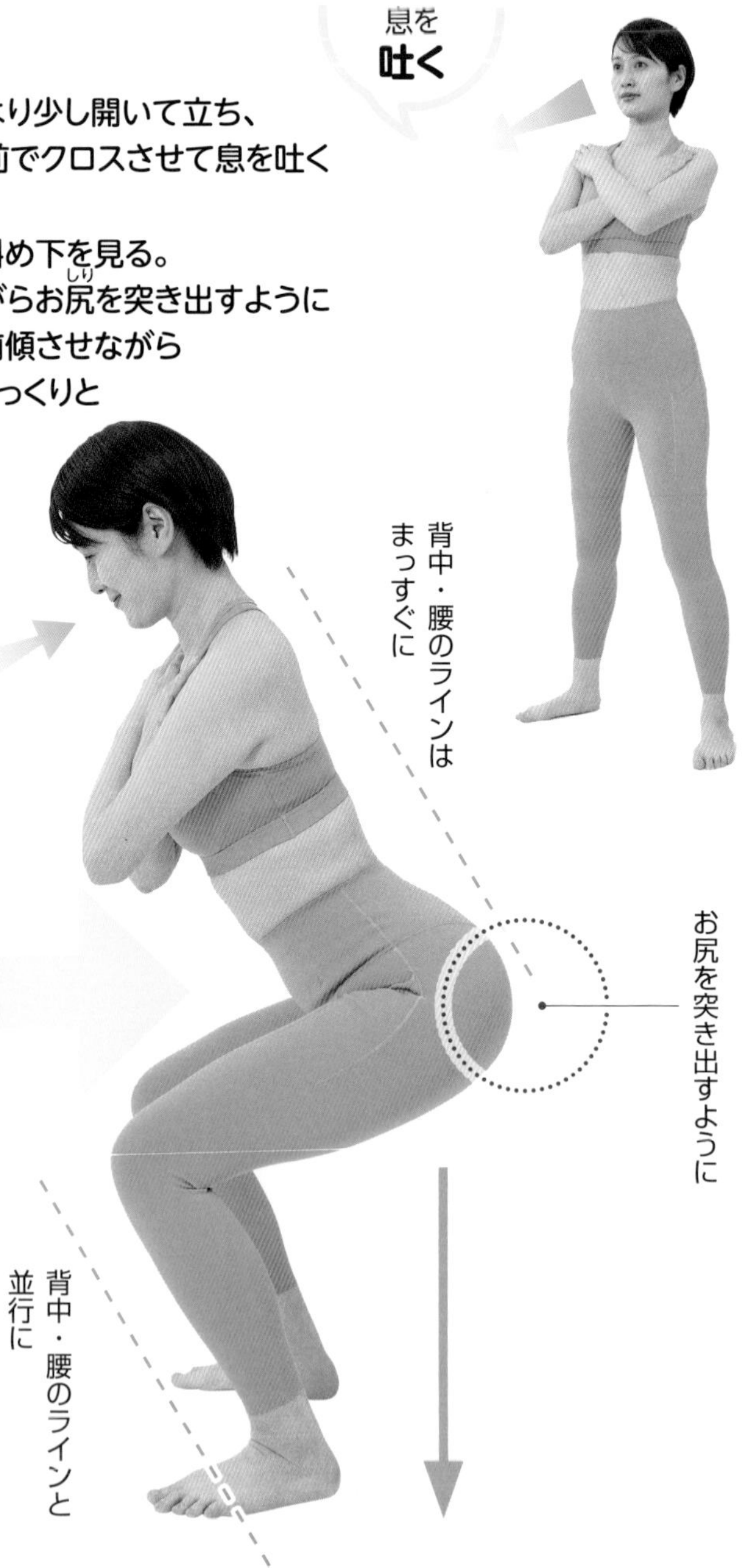

息を
吸う

息を吸いながら

ポイント

腰を下ろす位置はできる範囲 でOK！できる人は床とももが平行になるくらいが効果的。

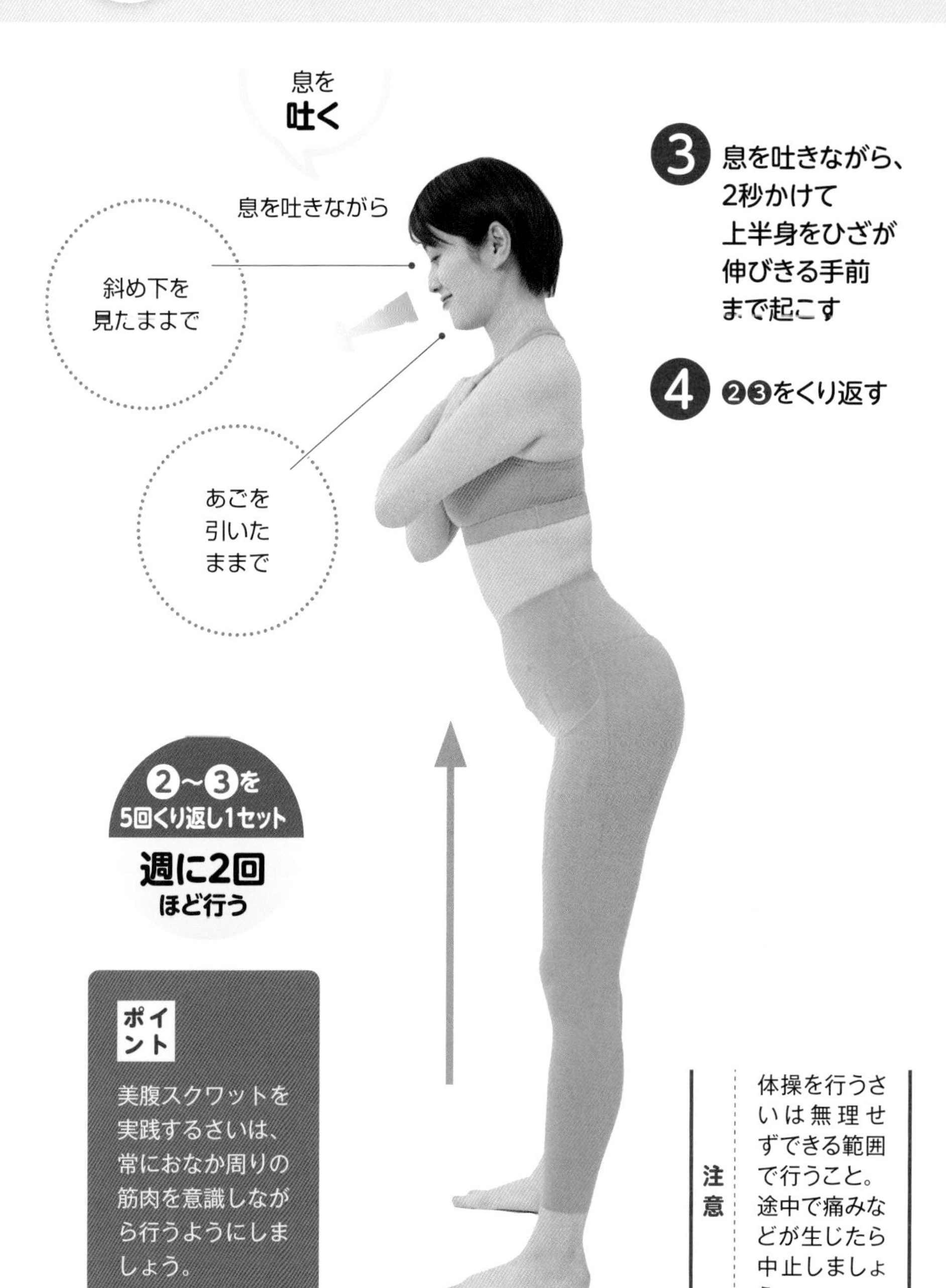

❸ 息を吐きながら、2秒かけて上半身をひざが伸びきる手前まで起こす

❹ ❷❸をくり返す

❷～❸を5回くり返し1セット

週に2回ほど行う

ポイント

美腹スクワットを実践するさいは、常におなか周りの筋肉を意識しながら行うようにしましょう。

注意

体操を行うさいは無理せずできる範囲で行うこと。途中で痛みなどが生じたら中止しましょう。

【初級編】イスの「美腹スクワット」

初めて行う人はイスを使って、腰の下げ方、ひざの曲げ方などの感覚をつかむといいでしょう。

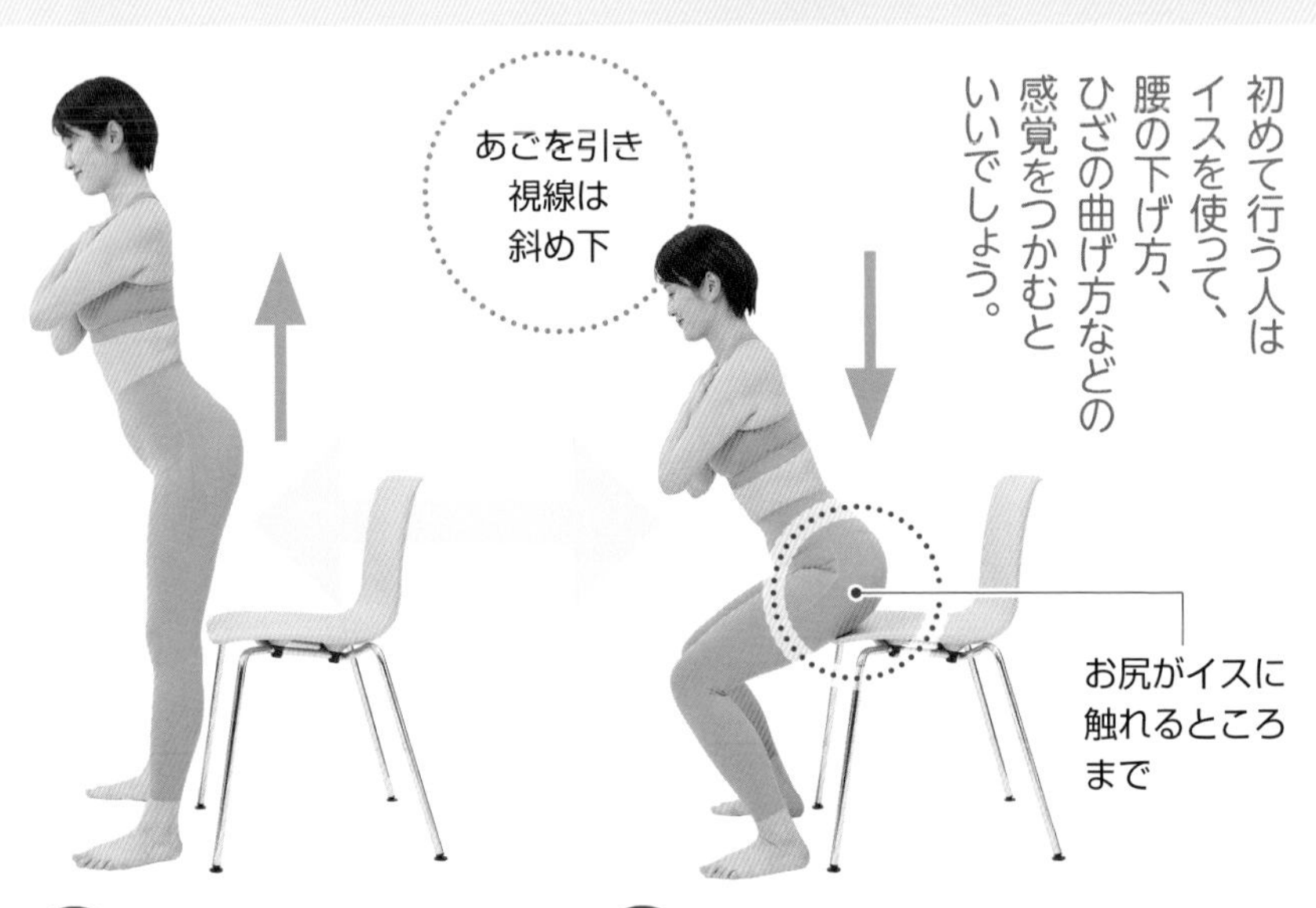

❶ イスの前に両足を広げて立ち、両腕は胸の前でクロスさせる。息を吸いながら、お尻（しり）を突き出すようにして2秒かけてゆっくりとイスに触れるまで腰を下ろす

❷ 息を吐きながら、上体を起こし切らないところまで2秒かけてゆっくりと戻す

❸ ❶❷をくり返す

❶～❷を5回くり返し1セット
週に2回ほど行う

[上級編]
ペットボトルで美腹スクワット

さらに効力をアップしたい人は、水を入れたペットボトルを持って行うといいでしょう。

注意

体操を行うさいは無理せずできる範囲で行うこと。途中で痛みなどが生じたら中止しましょう。

ひざに不安のある人はひざを曲げない

「ヒップスクワット」がオススメ

ひざを曲げないのでひざへの負担が少なくてすみます。変形性膝(しつ)関節症やひざ痛の人に適しています。

❶ 両足を広げて立ち、両手は胸の前でクロスさせる。

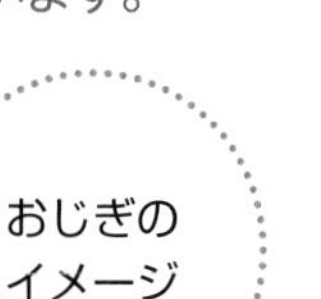

あごを引き
視線は
斜め下

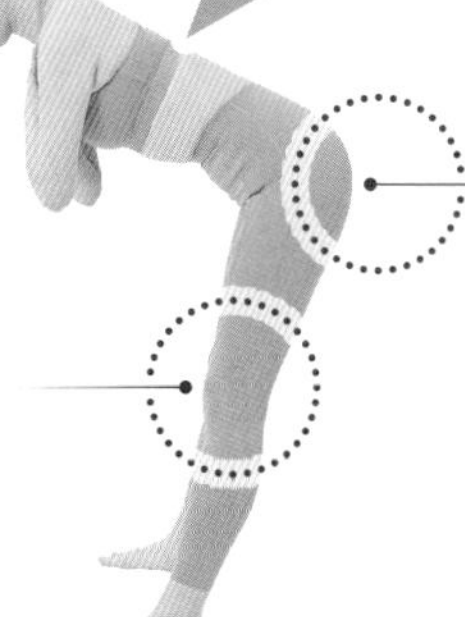

❷ 息を吸いながら、お尻を突き出すように2秒かけてゆっくりと上体を下げる

❸ 息を吐きながら、もとの位置まで2秒かけてゆっくりと戻す

❹ ❷❸をくり返す

NG

頭の下げ過ぎや
背中を丸めるのはNG!

❷～❸を5回くり返し1セット

週に2回ほど行う

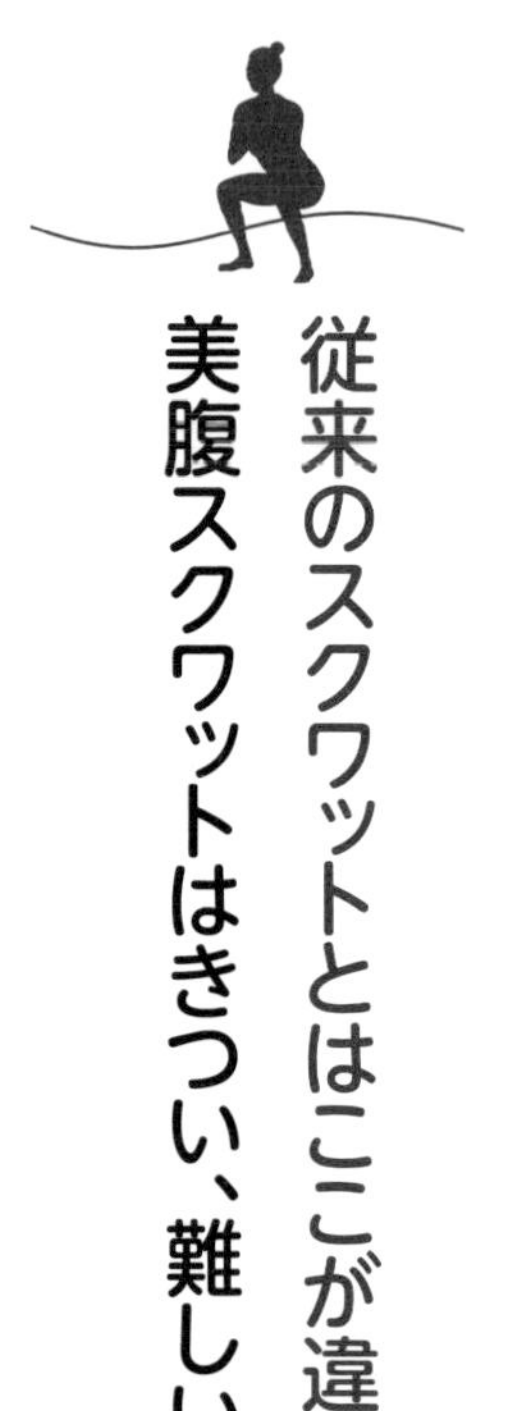

従来のスクワットとはここが違う！ 美腹スクワットはきつい、難しい、ひざや腰を痛めやすいをすべて解決

従来のスクワットとの違い、注意する動作をまとめました。美腹スクワットを行うさいは意識してください。

従来のスクワットと美腹スクワットの違い

従来のスクワットで重視すること

違い

腰を下ろしたときにひざが爪先(つまさき)より前に出ないことが大事とされている。

ひざが前に出ないようにする

美腹スクワットで重視すること

ひざが前に出てもOK!

ひざの位置ではなく、背中とすねのラインを意識して行うことが大切。腰を下ろす角度によってひざの位置は変わり、腰を深く下ろせば下ろすほどひざは前に出る。

違い

ひざが爪先より前でも気にしない

美腹スクワットのやってはいけない主なNG動作

× 内また

内またはひざを痛める原因になる。

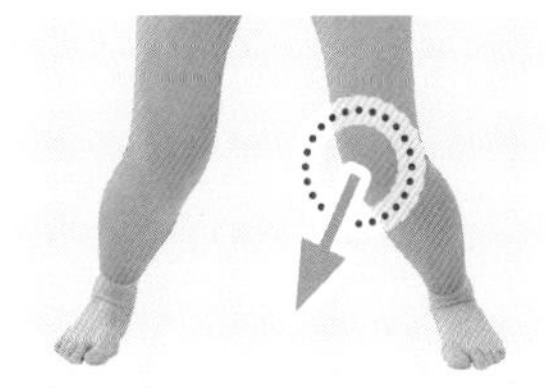

× ひざと爪先の向きが違う

常にひざと爪先は同じ向きにする。ひざへの負担が減り、曲げやすくなる。

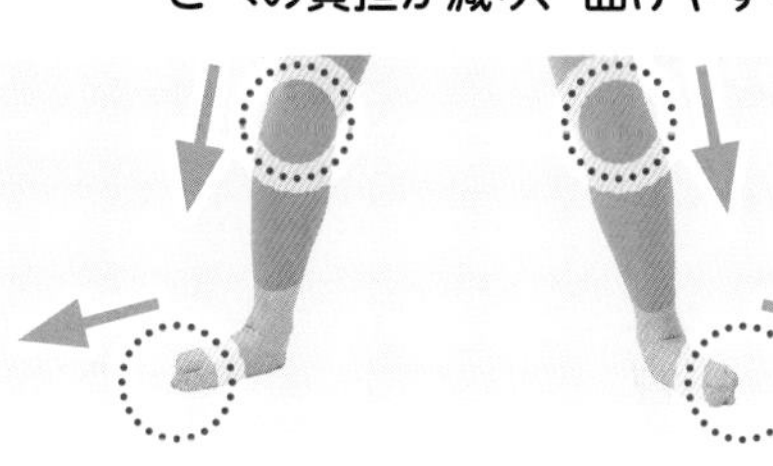

× 背中を丸める

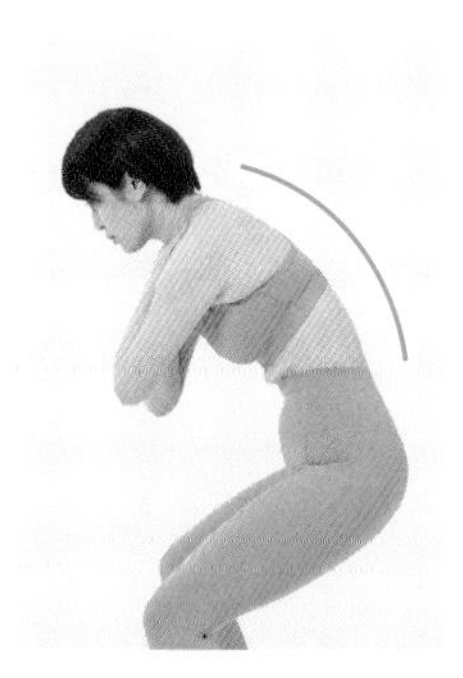

背中が丸まると腰に負担をかけるので注意。背中のまっすぐなラインを意識する。

× 目線を正面や上に向ける

腰の反りが強くなり、腰を痛める原因になる。あごを引いて斜め下を見るように。

山田トレーナーからアドバイス

いくら熱心に行っても、正しい動きでなければ、効果がないばかりか、ケガの原因になります。一つひとつの動作を丁寧に行い、体に覚えさせていきましょう。

運動と同時に、筋肉の材料であるたんぱく質を積極的にとることも大切です。

タイプ別

浮き輪肉タイプのプラス美腹スクワット

「スライドスクワット」

美腹筋スクワットに有酸素運動の要素を加えることで体脂肪の燃焼効果を高めます。お尻(しり)や太ももの筋肉だけでなく、太ももの内側の内転筋も鍛えることができます。

1 両足を少し広げて立ち、胸の前で両手を重ね、あごを引いて斜め下を見る。お尻を突き出すようにして腰を落とす

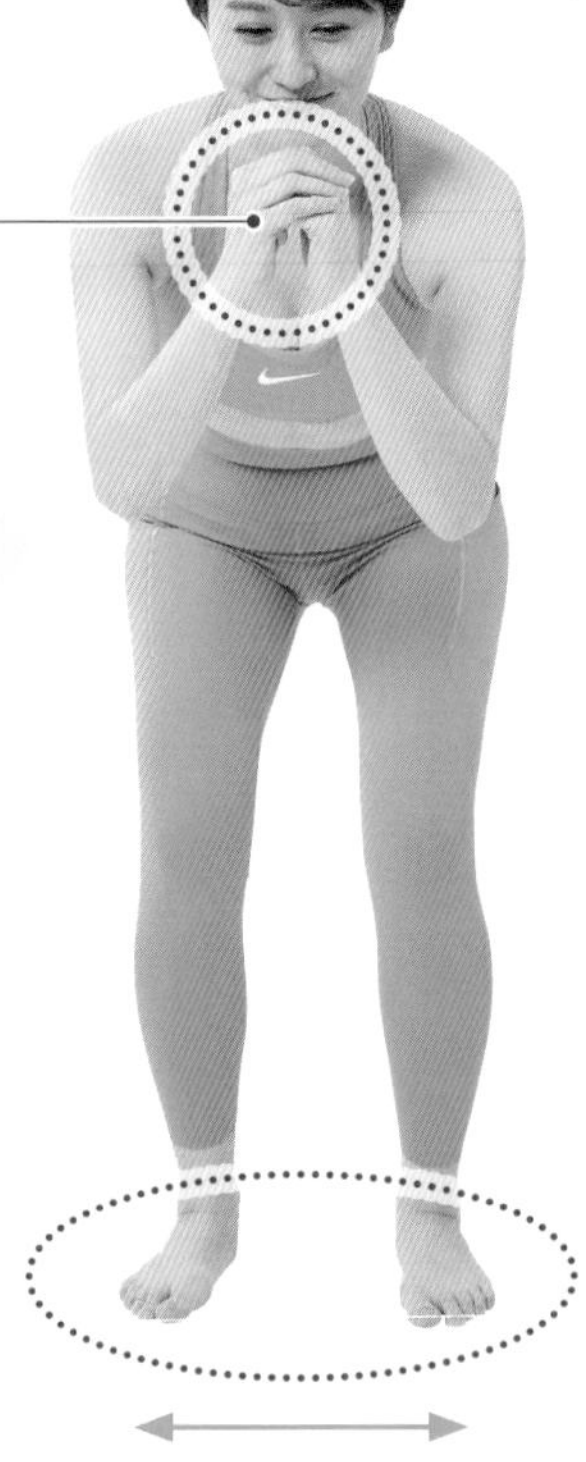

ポイント

①の姿勢は基本の美腹スクワットの腰を落としたときの姿勢とほぼ同じ。この姿勢を保ち動作を行う。

①〜③を行い1セット
週に2回ほど行う

注意　体操を行うさいは無理せずできる範囲で行うこと。途中で痛みなどが生じたら中止しましょう。

スピードスケートのイメージで

息を
吐く

NG

頭の位置が体の中心からずれると体が安定せず、転倒しやすくなる。

❷

軸足に体重を乗せて、反対側の足を斜め後ろに1秒かけて大きく引く。1秒かけて❶の姿勢に戻す。これを10回くり返す

軸足に体重を乗せる

❸ 左右の足を替えて、❷を同様に行う

NG

ひざを内側に傾けると、ひざや腰の関節に過剰な負担がかかり、痛める原因になる。

タイプ別

たいこ腹タイプのプラス美腹スクワット

「スクエアスクワット」

太ももの内側にある内転筋は腹直筋とつながっています。内転筋にアプローチすることで、おなかの筋肉を効率的に鍛えることができます。

1 両腕を胸の前でクロスして、両足を大きく開いて立つ

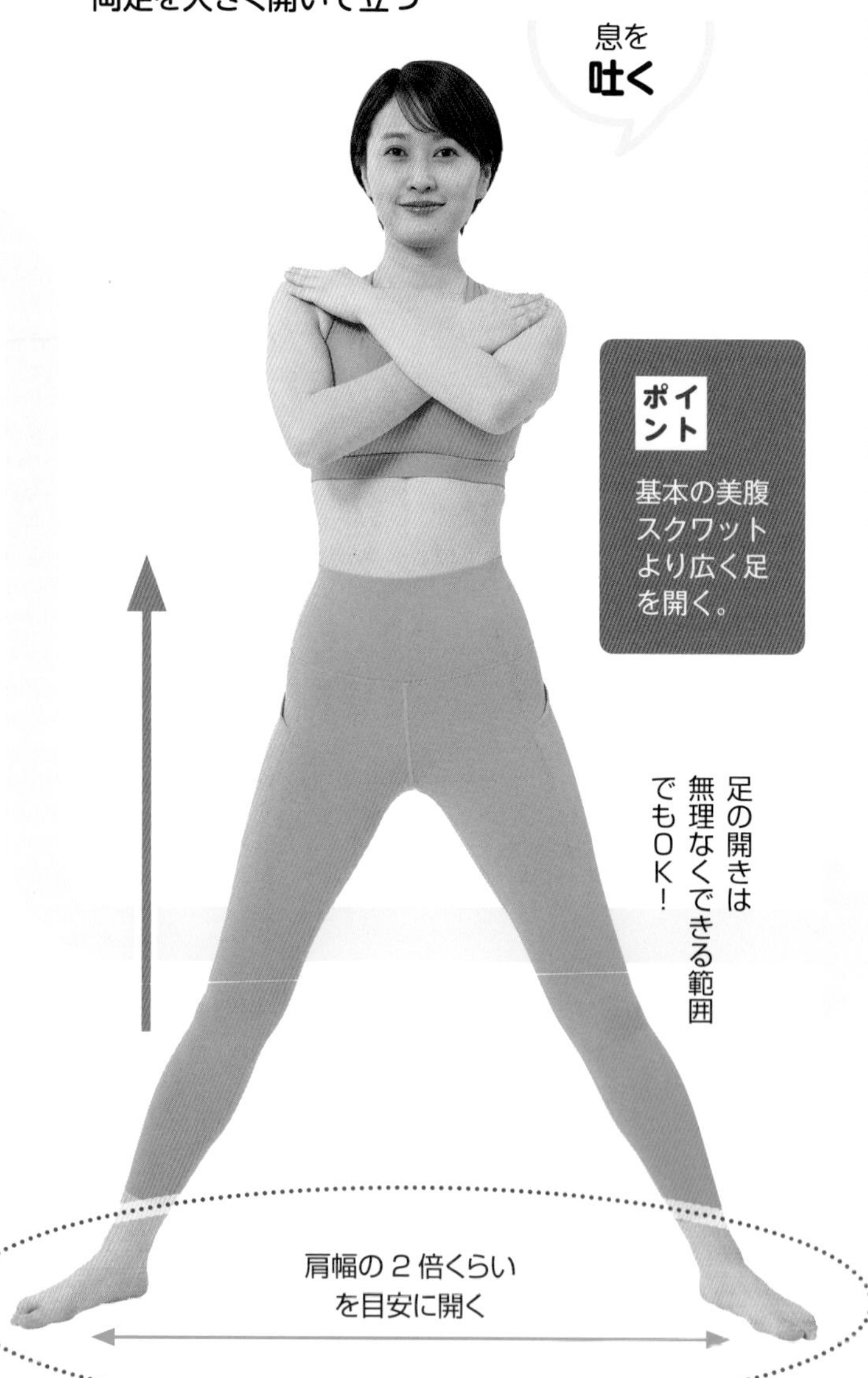

息を
吐く
ポイント
基本の美腹スクワットより広く足を開く。
足の開きは無理なくできる範囲でもOK！
肩幅の2倍くらいを目安に開く

❸ ❶❷を
くり返す
目線は
斜め下
❷ あごを引き
目線は斜め下にして、
お尻を突き出しながら
2秒かけて
ゆっくりと腰を下ろす。
2秒かけて
❶の姿勢に戻す
息を
吸う
スクエア
（四角形）
になるように
ひざの
真下に
足首がくる
ように

❶～❷を
5回くり返し1セット
週に2回
ほど行う

注意

体操を行うさいは無理せずできる範囲で行うこと。途中で痛みなどが生じたら中止しましょう。

NG

×

顔を上げたまま行わない。腰が反って腰を痛める原因になる。

×

足の開きすぎは関節を痛める原因になる。足首はひざの真下の位置に。

タイプ別

たるみ脇腹タイプのプラス美腹スクワット

「ツイストスクワット」

たるみ脇腹タイプの主な原因は腹斜筋の衰えです。腹斜筋は薄い筋肉なので、わずかな衰えでたるみが出てきます。腹斜筋を鍛えることで脇腹のたるみの解消を目指します。

1 両足を肩幅より少し広げて立ち、あごを引いて斜め下を見る。お尻(しり)を突き出すようにして、腰を下ろす。両手は下ろしてひざの内側に置く

息を
吸う
あごを引き
視線は斜め下
両手は力を抜く
両足は肩幅より
少し開く

NG ×

ひじや手首を曲げると腹斜筋への刺激が少なくなる。まっすぐに伸ばす。

①〜③を2回行い1セット
週に2回ほど行う

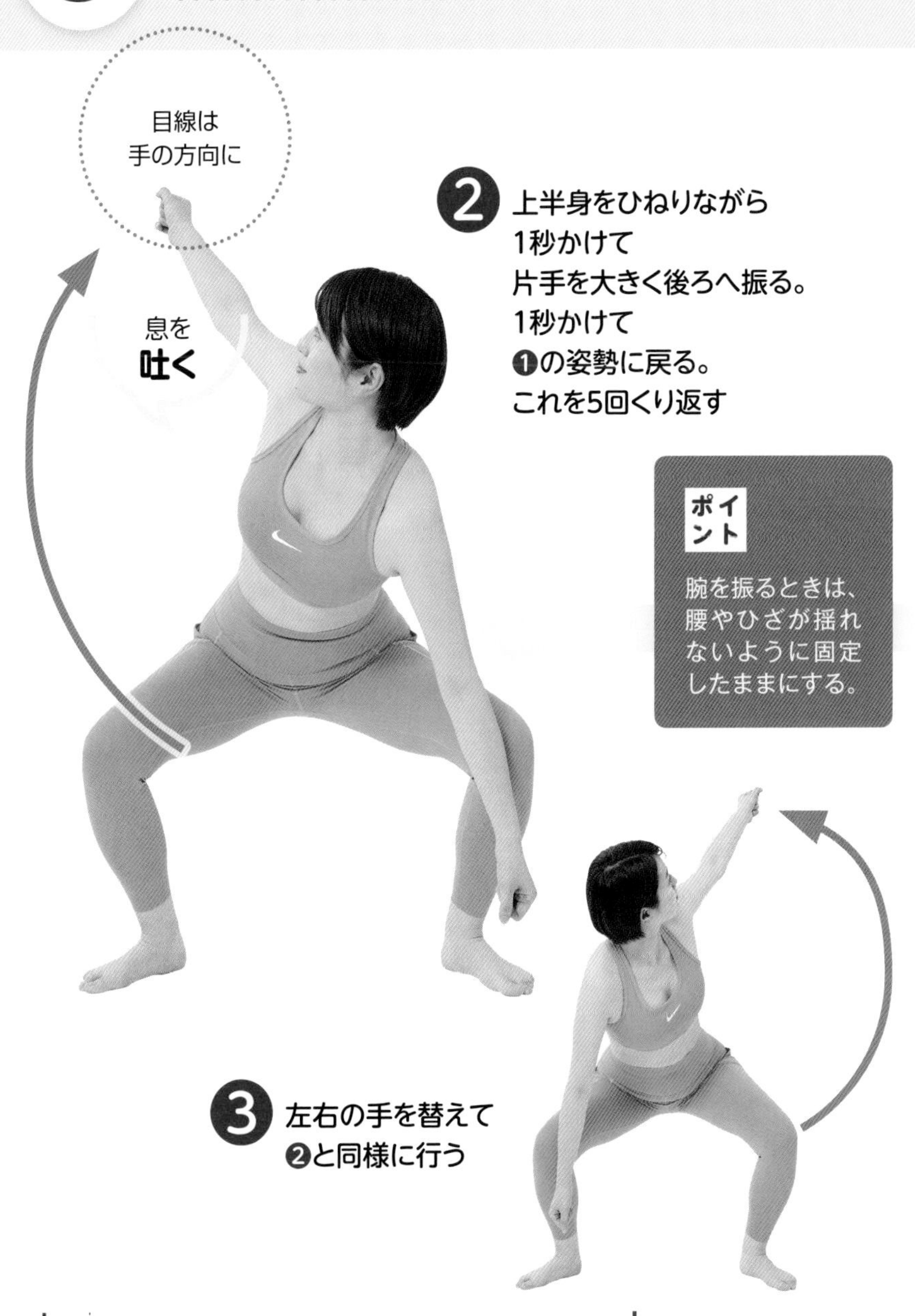

❷ 上半身をひねりながら
1秒かけて
片手を大きく後ろへ振る。
1秒かけて
❶の姿勢に戻る。
これを5回くり返す

ポイント
腕を振るときは、腰やひざが揺れないように固定したままにする。

❸ 左右の手を替えて
❷と同様に行う

注意 体操を行うさいは無理せずできる範囲で行うこと。
途中で痛みなどが生じたら中止しましょう。

美腹スクワットはウォーキングよりも脂肪を燃焼させると実証！
寝ているときでも脂肪をぐんぐん減らせる

ダイエットにウォーキングがよく推奨されます。ウォーキングは体への負荷が少ないので、中高年や運動が苦手な人に向いています。ウォーキングのような有酸素運動は、体内に酸素を取り入れながら脂肪や糖質を燃焼させ、それをエネルギー源としているので、脂肪を減らす効果が期待できます。一方、美腹（ビバラ）スクワットは無酸素運動に該当します。無酸素運動のエネルギー源は糖質で、脂肪は使われません。こう説明すると、脂肪を燃焼させるウォーキングのほうがおなかやせに有効のように見えます。実際の効果はどうでしょうか。

筋肉には、遅筋（赤筋）と速筋（白筋）の2つのタイプがあります。遅筋は、瞬発的に大きな力を出すのは苦手ですが、持久力に優れています。赤みがかった色から赤筋とも呼ばれます。速筋は白っぽい色をしているので別名は白筋です。速筋は瞬発力に優れています。例えば、魚のブリの切り身を見ると、赤い部分と白い部分がはっきりとわかります。赤い部分が遅筋、白い部分は速筋です。人間の場合はブリと違って、遅筋と速筋の区別はあまり顕著ではありません。筋肉全体として赤っぽい、白っぽいという感じです。

遅筋と速筋の比率は、生まれたときにおおよそ決まっていて、生涯ほとんど変わらないとされています。しかし速筋に限っていえば、運動を行うことで筋肉自体を太くできることがわかっています。

美腹スクワット
ここがポイント!
NIKE TRAINER
筋肉が太くなる速筋を増強
基礎代謝が向上し、
太りにくい体をつくる

ウォーキングは主に遅筋を使う運動のため、筋肉はあまり太くなりません。速筋だけを使うのが美腹スクワットに代表される筋トレです。

美腹スクワットで筋肉が増加すれば基礎代謝が向上し、体を動かさない休息中も脂肪燃焼が進みます。基礎代謝がアップすることで太りにくい体になり、長期的な脂肪燃焼効果も得られます。

美腹スクワットで大型筋肉が集まる太ももを鍛えると、美腹筋を強める「成長ホルモン」や「マイオカイン」が分泌される

どんなに運動効果が高くても、強度が強すぎたり、高い柔軟性が必要だったりすると、運動経験のない人や中高年が取り組むにはハードルが高すぎます。その点、美腹（ビバラ）スクワットの動作はしゃがんで立ち上がるだけ。負荷の少ない運動なので、誰もが気軽に取り組めます。

美腹スクワットを行うと、太ももにある大腿（だいたい）四頭筋やハムストリングスといった全身の中でも特に大きな筋肉が鍛えられます。それによって「成長ホルモン」や「マイオカイン」が多く分泌（ぶんぴつ）されることも美腹スクワットの大きなメリットです。

美腹スクワットのような筋トレを行うと、体内の糖質がエネルギーとして使われ、乳酸という物質が生成されます。この乳酸が脳の下垂体を刺激して、成長ホルモンの分泌を促します。成長ホルモンは血液で肝臓に運ばれるとＩＧＦ－１（インスリン様成長因子）に変化し、筋肉をつくるたんぱく質の合成を促進して筋肉が増強されます。

また、成長ホルモンには代謝を活発にしたり、傷ついた細胞を修復・再生したりする働きがあるなど、若さや健康を保つために重要な役割を果たしています。

マイオカインは、究極の若返り物質として近年注目を浴びています。ギリシャ語のmyo（筋）とkine（作動物質）を組み合わせた造語で、筋肉から分泌されるホルモン様物質の総称です。

マイオカインが広く知られるようになったのは、2003年、デンマークの研究者が筋肉から出るマイオカインの一種「IL-6」という物質が糖質や脂肪の代謝を促すことを発見したことに始まります。その後、研究が進み、これまでに数百種類のマイオカインの存在がわかっています。運動が健康によいといわれますが、そこにはマイオカインが深く関わっていると考えられています。

美腹スクワット
ここがポイント！
大筋群のある太ももを鍛えるから効率的
筋肉増強・再生に働く成長ホルモンを分泌

美腹スクワットは美肌効果・若返り作用も絶大で、肌のキメが整い顔のしわ・たるみ一掃も期待できる

究極の若返り物質として注目される数百種類の「マイオカイン」。それら一つひとつが異なる作用を持っていることが、近年の研究でわかってきました。

マイオカインの一つ「イリシン」は筋肉で分泌(ぶんぴつ)されたのち、血流に乗って脂肪組織に到達すると、蓄積した脂肪を燃焼させることが明らかになっています。

脂肪は体内で脂肪細胞に収められています。脂肪細胞には皮下脂肪や内臓脂肪などの白色脂肪細胞と、首や脇(わき)の下、心臓の周りなど限られたところにある褐色(かっしょく)脂肪細胞があります。白色脂肪細胞が脂肪を蓄えるのに対し、褐色脂肪細胞は脂肪を分解して熱に変える作用を持っています。イリシンは白色脂肪細胞を褐色化させて、燃焼する脂肪へと性質を変える働きがあると報告されています。

ほかにも、筋肉の合成や収縮、脳細胞の活性化、大腸がんの抑制などの作用のあるマイオカインも見つかっています。

さらには、美肌効果のあるマイオカインも発見されています。マイオネクチンは、シミやくすみの原因となるメラニンの生成を抑制したり、分解を促進したりする働きがあります。肌のコラーゲン産生に役立っていることが示唆されているマイオカインもあります。

マイオカインは体を動かすことで筋肉から分泌され、しかも筋肉量が多いほど分泌量が増えます。美腹スクワットによって筋肉量を増やすことで、おなか太りの解消だけでなく、肌のキメが整い、顔のしわやたるみまで改善する効果も期待できるのです。

逆に、筋肉を動かさないでいるとこうした老化や病気の予防、美肌づくりに役立つマイオカインが減少することがわかっています。

美腹（ビバラ）スクワットは筋肉を鍛えて脂肪を減らすだけでなく、全身の若返り効果も十分に発揮されるといえるでしょう。

美腹スクワット
ここがポイント!
究極の若返り物質
マイオカインを分泌
美肌づくり効果が期待できる

美腹スクワットのやり方 Q&A

Q1 いつやれば効果が高い?

続けやすい時間帯ならいつでもOK

自分にとって続けやすい時間帯に行うことがその人にとって最も高い効果を得られます。「ローマは1日にしてならず」ということわざどおり、筋トレは継続してこそ効果が得られるからです。仕事をしている人なら帰宅後に時間を取りやすいかもしれません。

ただし、朝の起床直後は血圧が急上昇しやすく、食後すぐは消化不良を起こす可能性があるので避けたほうがいいでしょう。

Q2 秒数や回数は決められたとおりにやるべき?

慣れたら少しずつ増やしていきましょう

秒数や回数はあくまでも目安です。もし、途中で痛みが出たり、気分が悪くなったりしたらただちに中止してください。無理に頑張る必要はありません。

記載された秒数や回数では物足りなく感じるようでしたら、数を増やすといいでしょう。負荷が強まり、運動効果も高まります。肝心なのは少しずつ増やすこと。急激に増やすと筋肉を傷めかねません。

Q3 筋肉痛があるときはスクワットを行ってもいい?

A 休んで傷んだ筋肉の回復を待ちましょう

スクワットを行うと、太ももやお尻(しり)の筋肉に小さな損傷ができます。すると、損傷を修復しようと免疫細胞が活性化して炎症反応が起こり、痛みが生じます。

筋肉痛があるときにスクワットを行うと筋肉の損傷が広がってしまい、回復に時間がかかります。筋肉痛のときはスクワットをお休みし、筋肉痛が起きていない部位を鍛える運動を行うといいでしょう。

Q4 より効果を高める方法は?

A スクワットのあとに有酸素運動で脂肪燃焼効果がアップ

スクワットをすると成長ホルモンが分泌(ぶんぴつ)されます。成長ホルモンには脂肪細胞に働きかけて脂肪の分解を促す作用があります。分解された脂肪は脂肪酸として血液中に放出されます。この状態でウォーキングなどの有酸素運動を行うと、脂肪酸がエネルギーとして使われるので、脂肪燃焼効果が高くなり、効率的に脂肪を減らすことができます。時間があれば筋トレの後に30分程度のウォーキングなどの有酸素運動を行いましょう。

Q5 70歳、80歳でも効果はある?

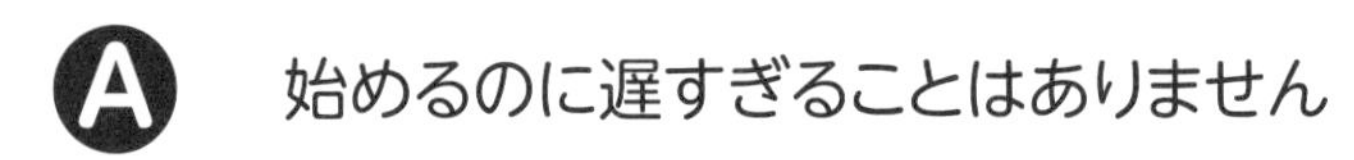

A
始めるのに遅すぎることはありません

筋肉は人体で最も新陳代謝が活発な組織です。歳を取って筋肉が萎縮したとしても適度に刺激をすると、若いときよりペースは落ちるものの、確実に増やすことができます。実際、これまでの研究で、筋トレを行うと80歳以上の人でも筋肉量が増えて筋力が上がることがわかっています。

逆に、何も手を打たなければ、筋肉は加齢とともにどんどん衰えていきます。1日も早く、取り組むことをおすすめします。

Q6 一度やめたら再開しても無駄?

A
筋肉はもとのレベルに戻るのでぜひ再開を

2週間くらいまでの中断なら筋肉量の減少はそれほど見られません。それを超えると、筋肉は少しずつ衰えていきます。

筋肉をしっかりと鍛えた状態で中断し再開した場合と、そうでない場合とを比べると、前者のほうが筋肉の回復にかかる時間が短くてすみます。筋肉には「マッスルメモリー」と呼ばれる一種の記憶装置が備わっているからです。いずれにせよ、ぜひもう一度トライしましょう。

第4章

美腹スクワットの効果をCT画像で大解剖！
美腹筋が厚くなり皮下脂肪・内臓脂肪はみるみる減少！

「おなかやせ」体験&実例集

体験1

おなかと太ももの脂肪が減って引き締まった！小顔になった、若返ったと友人たちから大好評

牟田口(むたぐち) 孝子(たかこ)さん
52歳・女性
身長162㎝

おなか周りと大腿部の変化

Before

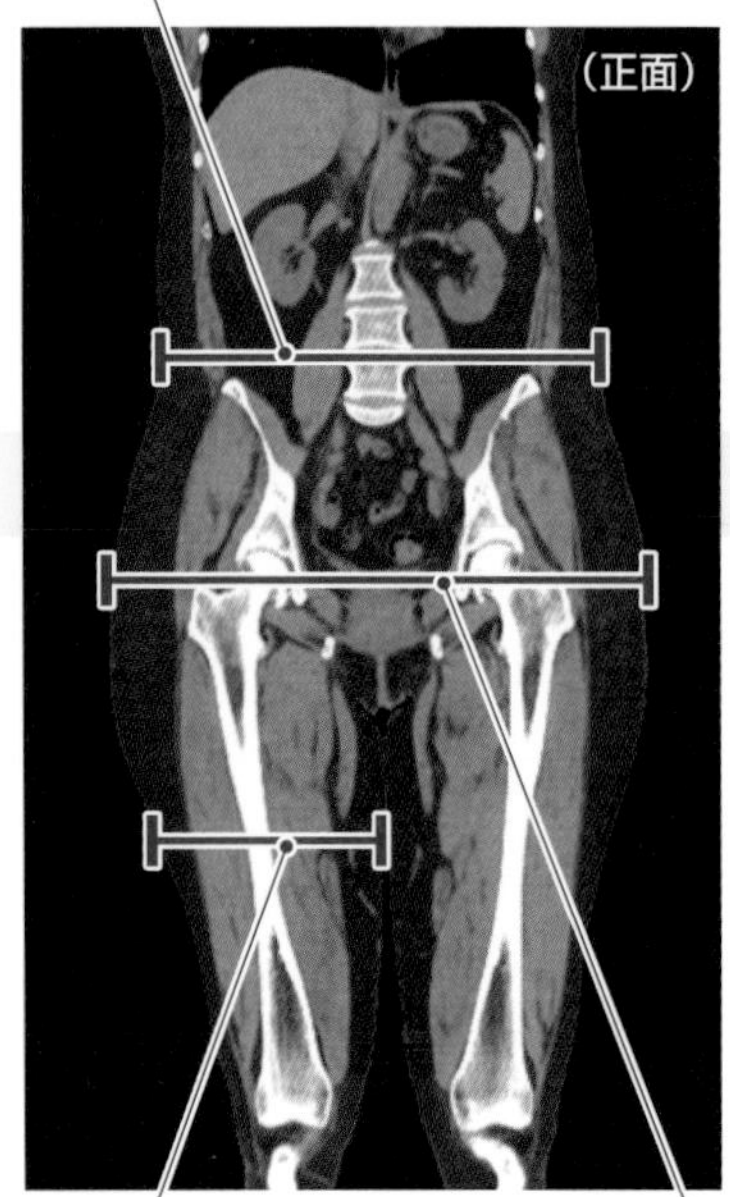

若いころはやせ型だったのに、40歳を過ぎてから体重が増え、おなかはプヨプヨ。体脂肪率は36％を超え、明らかに肥満体型になりました。

美腹(ビバラ)スクワットを始めて1ヵ月が過ぎたころから体重が減っていきました。趣味のサーフィンをしていると、波の上でサーフボード

After

ウエスト幅　291.0 mm

ヒップ幅
370.5 mm

太もも幅　152.7 mm

3ヵ月で
太もも幅
26.5mm
減

3ヵ月で
ヒップ幅
24.6mm
減

に立つスピードが以前に比べて見違えるように速くなったのです。体が軽くなったおかげだと思います。

久しぶりに会った友人たちからは「顔が小さくなって別人みたいだ」「若返ったように見える」といわれています。ダイエットに成功したおかげで考え方までポジティブになりました。毎朝スッキリ目覚めるなど、生活にもハリが出ています。今の目標は腹筋を割ることです。

おなかの中の変化

体験 1

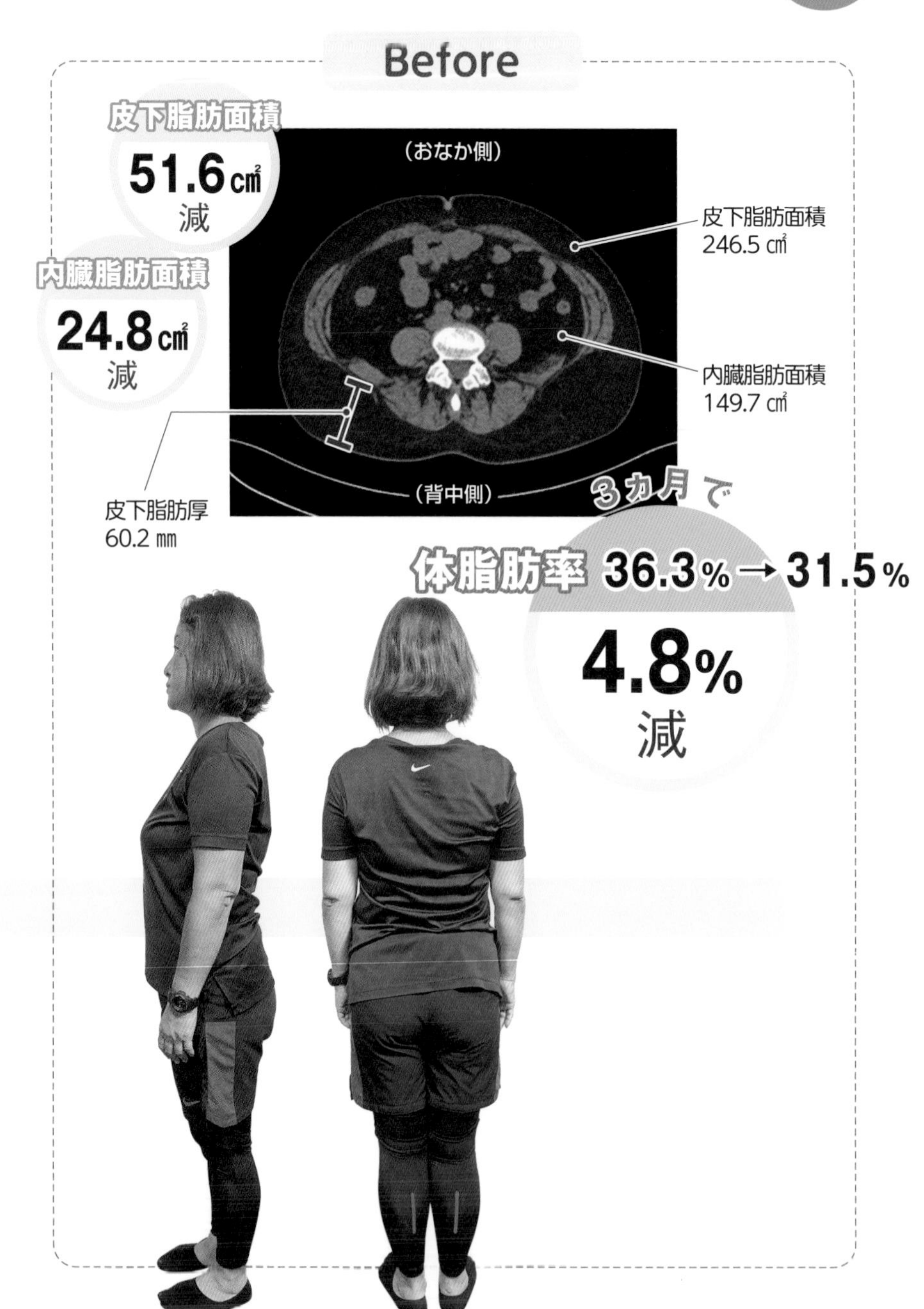

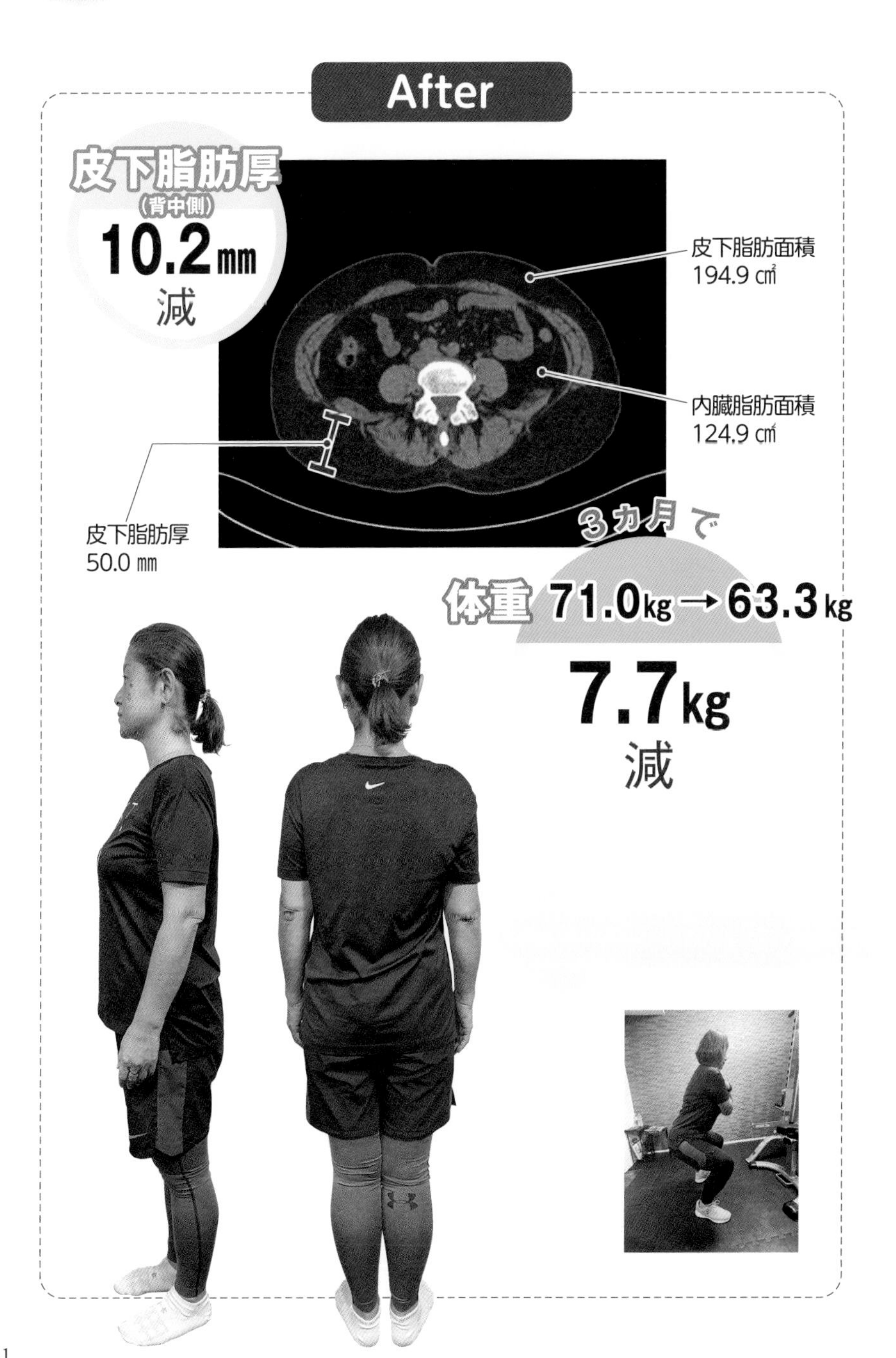
After
皮下脂肪厚
（背中側）
10.2mm
減
皮下脂肪面積
194.9 ㎠
内臓脂肪面積
124.9 ㎠
皮下脂肪厚
50.0 ㎜
3カ月で
体重 71.0kg → 63.3kg
7.7kg
減

体験
2

足の筋力がアップし坐骨神経痛のしびれ改善！
体重も体脂肪率も下がり
体にフィットする服が着られた

武田(たけだ) 喜代子(きよこ)さん
69歳・女性
身長158・5㎝

おなか周りの変化

Before

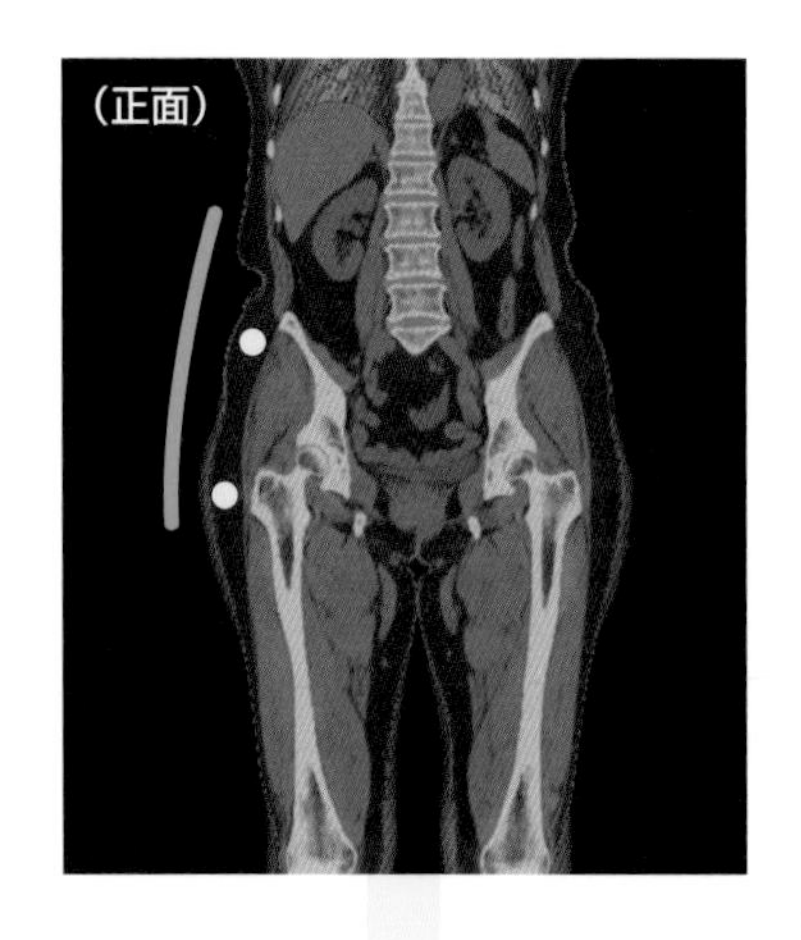

3ヵ月で
体重 54.5kg → 51.3kg
3.2kg 減

After

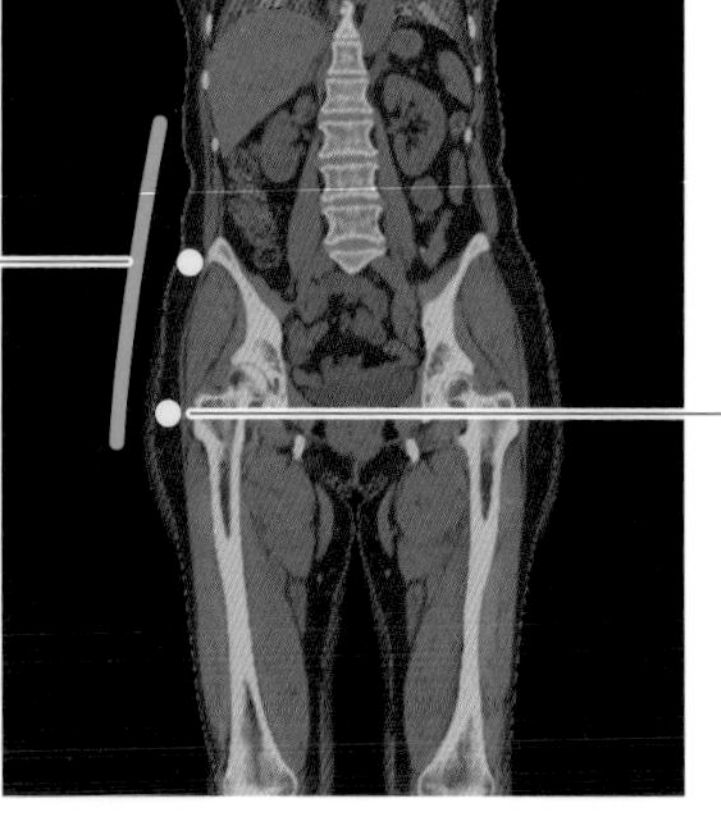

ボディラインがきれいになった
腰周りや腹周りの脂肪が減少した

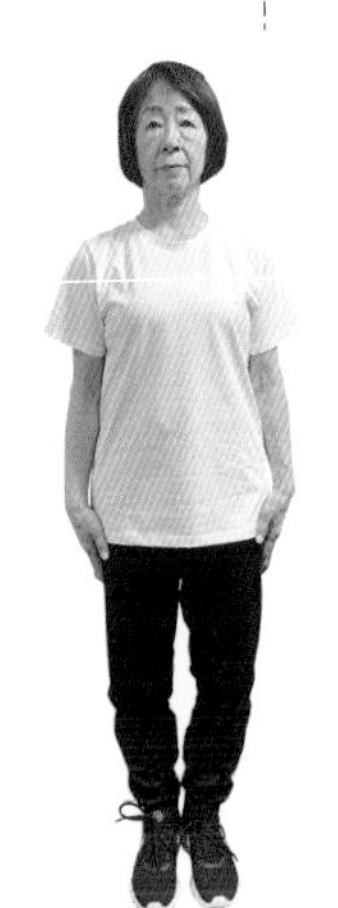

おなかの中の変化

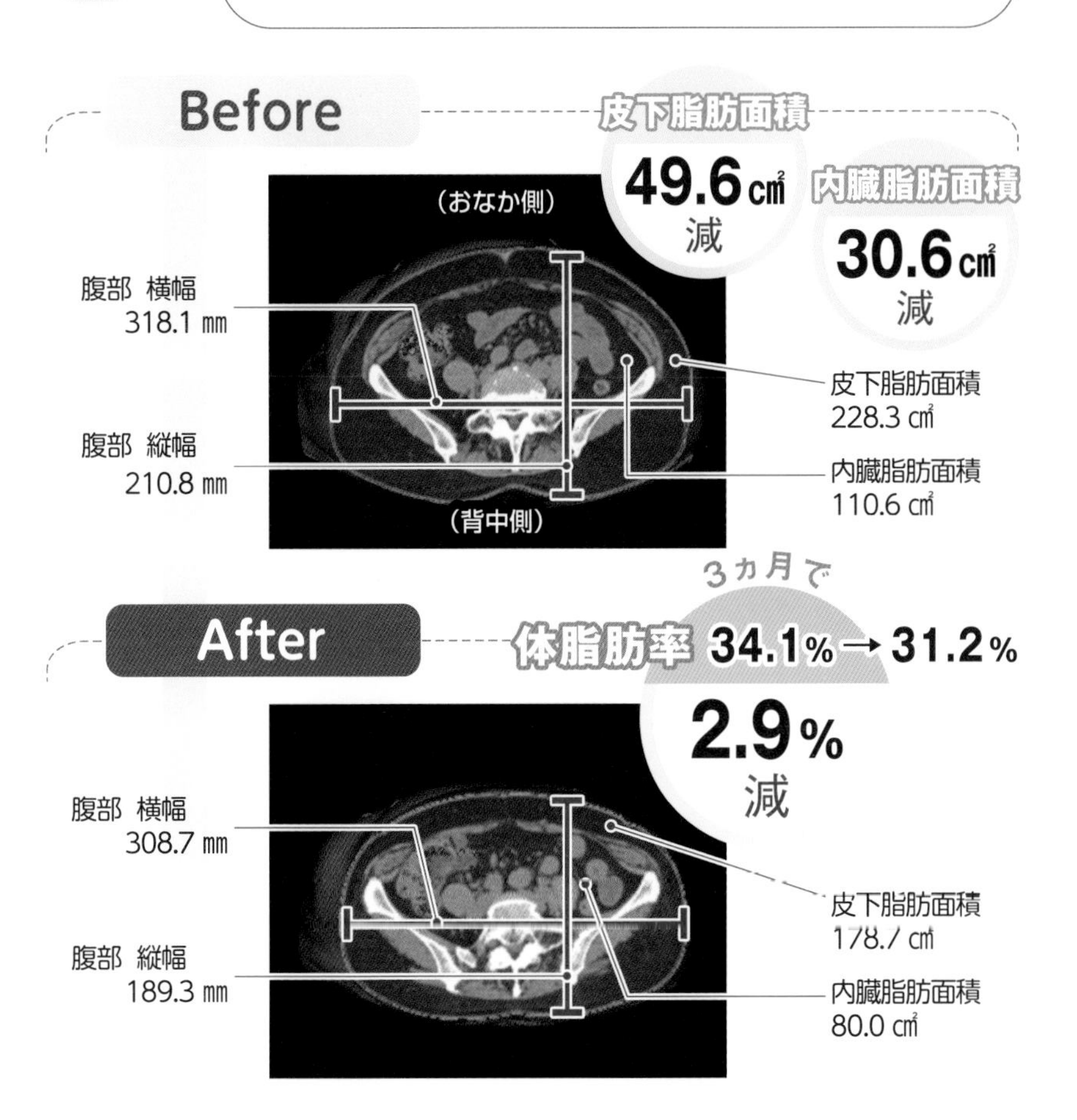

美腹（ビバラ）スクワットを始めたのは、慢性化した足の坐骨（ざこつ）神経痛改善のため、下半身を強化したかったからです。効果はすぐに現れ、寒い時期でも足に痛みやしびれが起こることはありませんでした。

体重や体脂肪率も落ちていきました。以前は体型をカバーする服ばかり着ていましたが、今は体にフィットするスカートやパンツをはき、ファッションを楽しんでいます。

体験 3

おなかと腰周りの脂肪が減少！筋肉が厚くなり今では50キロのバーベルを持って美腹スクワットに挑戦

吉田孝雄さん（仮名）
43歳・男性
身長173cm

大腿部とお尻・両足の変化

Before

（大腿部の正面）

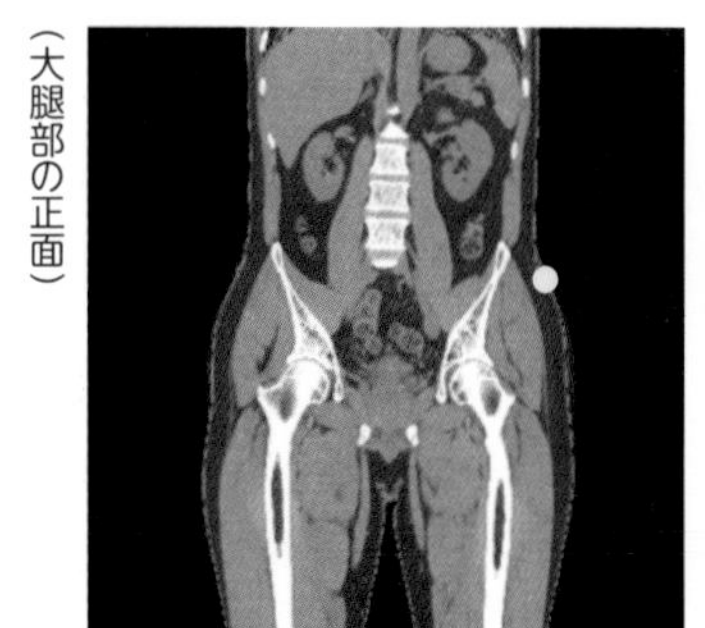

（お尻・両足の背面）

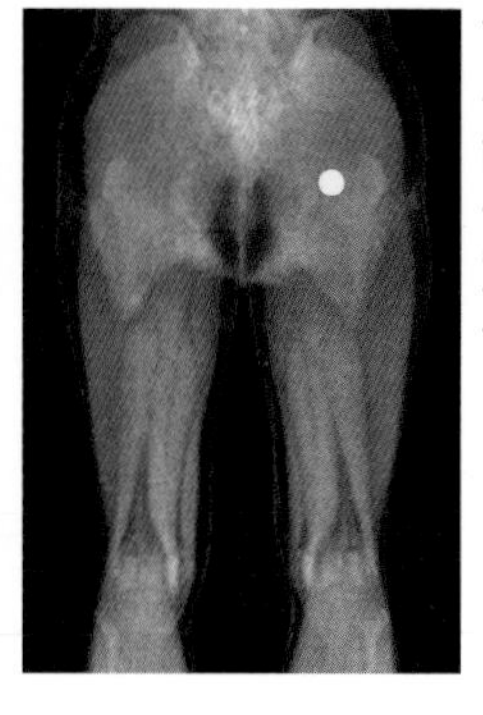

3カ月で
体重 69.5kg→67.1kg
2.4kg減

After

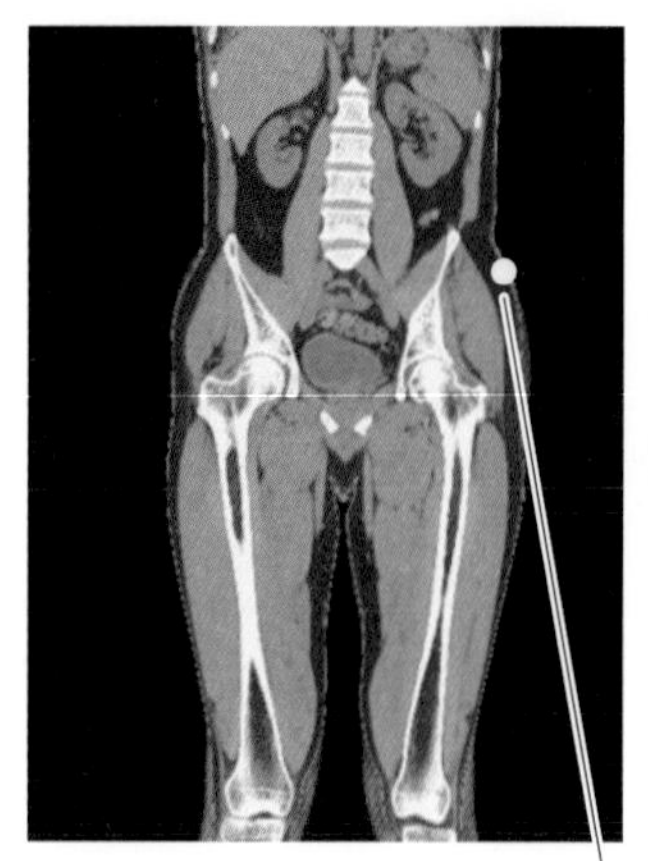

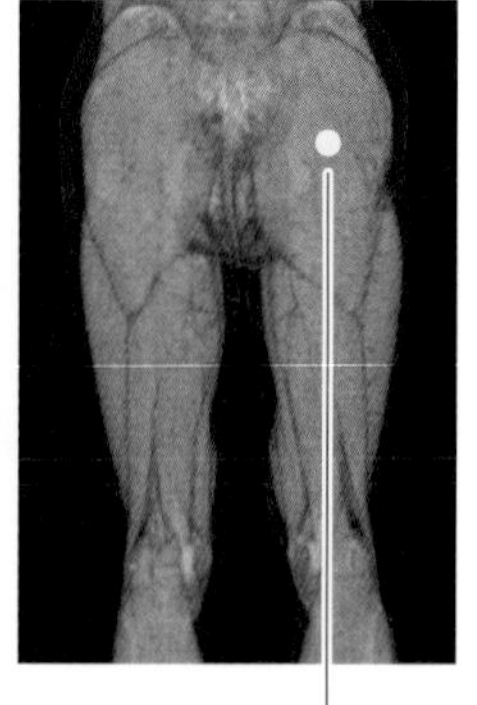

筋肉が太くなり太ももが一回り大きくなった

大殿筋の形が明瞭になり大きくなった。両側大腿部の個々の筋肉が大きくなり、張りが出た

おなかの中の変化

Before

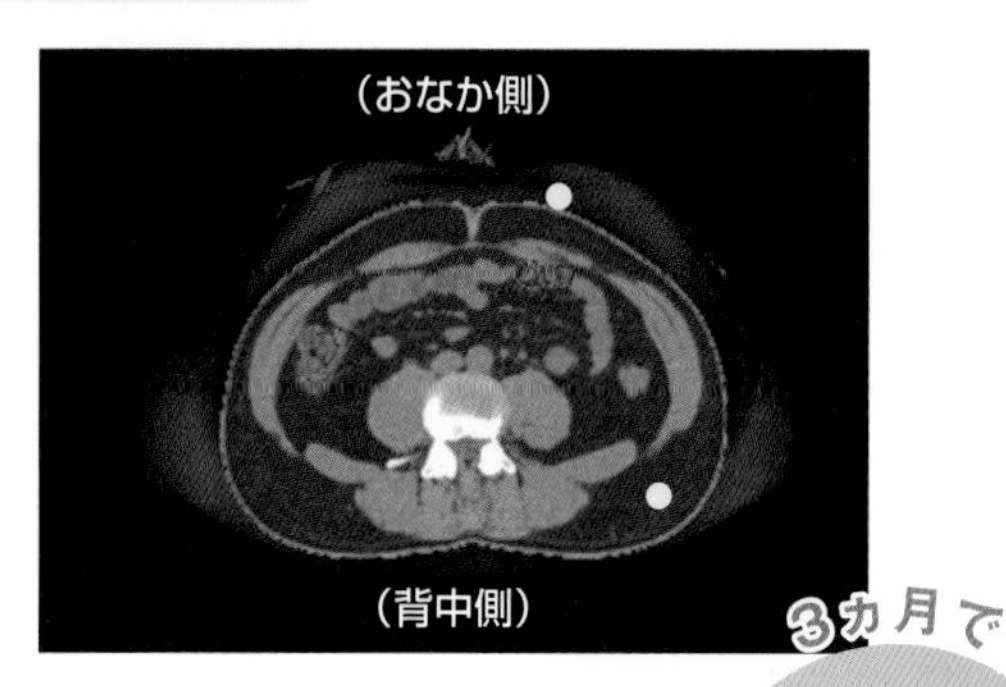

3カ月で
体脂肪率 24.0％→22.3％
1.7％減

After

腹壁と腰周りの皮下脂肪が減少

バーベルを担ぎながら美腹スクワットを行っています。15キロのバーベルから始め、3カ月で50キロまでアップ。強い筋肉痛が起こることもありましたが、バーベルの重量が増えていくのが心地よく、楽しく続けられました。

おなかが引き締まり、日に日に体が変わっていくのを実感。妻から「腕や胸、太ももが大きくたくましくなった」といわれ、うれしいかぎりです。

体験
4

LDLコレステロール値も肝機能値も改善！
美腹筋の厚みが増し皮下脂肪が大幅に減った

鈴木明子（すずきあきこ）さん
70歳・女性
身長158・5㎝

両足の変化

Before

（背面）

3ヵ月で

体重 59.0kg→56.3kg
2.7kg 減

体脂肪率 36.1%→33.8%
2.3% 減

After

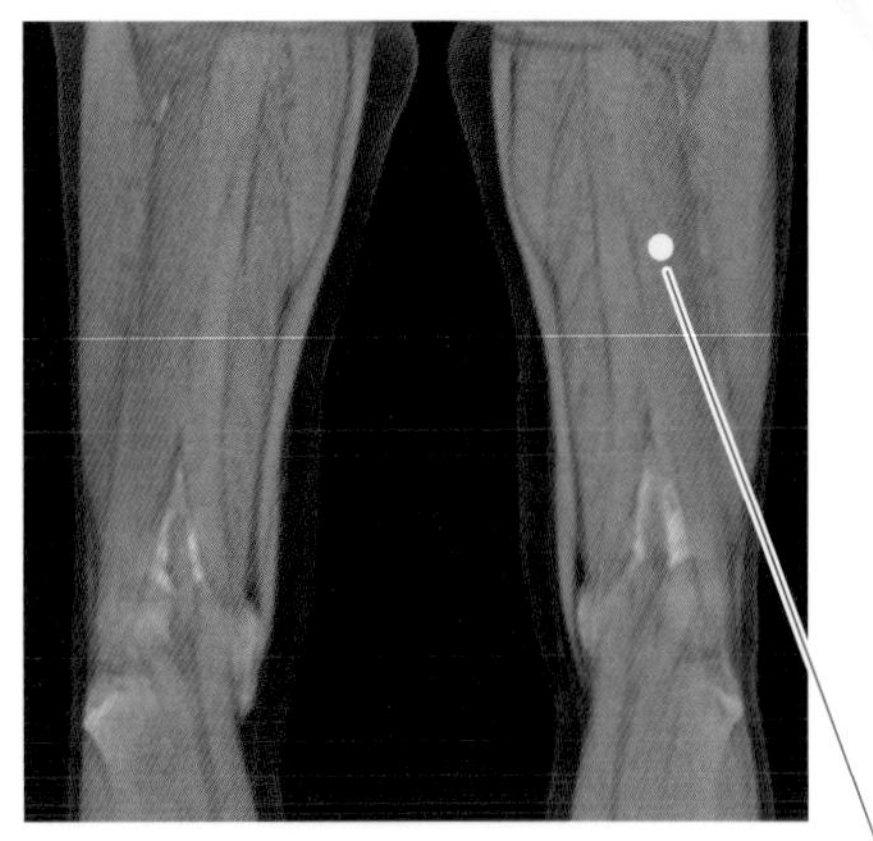

ハムストリンクスが太くなってきた

おなかの中の変化

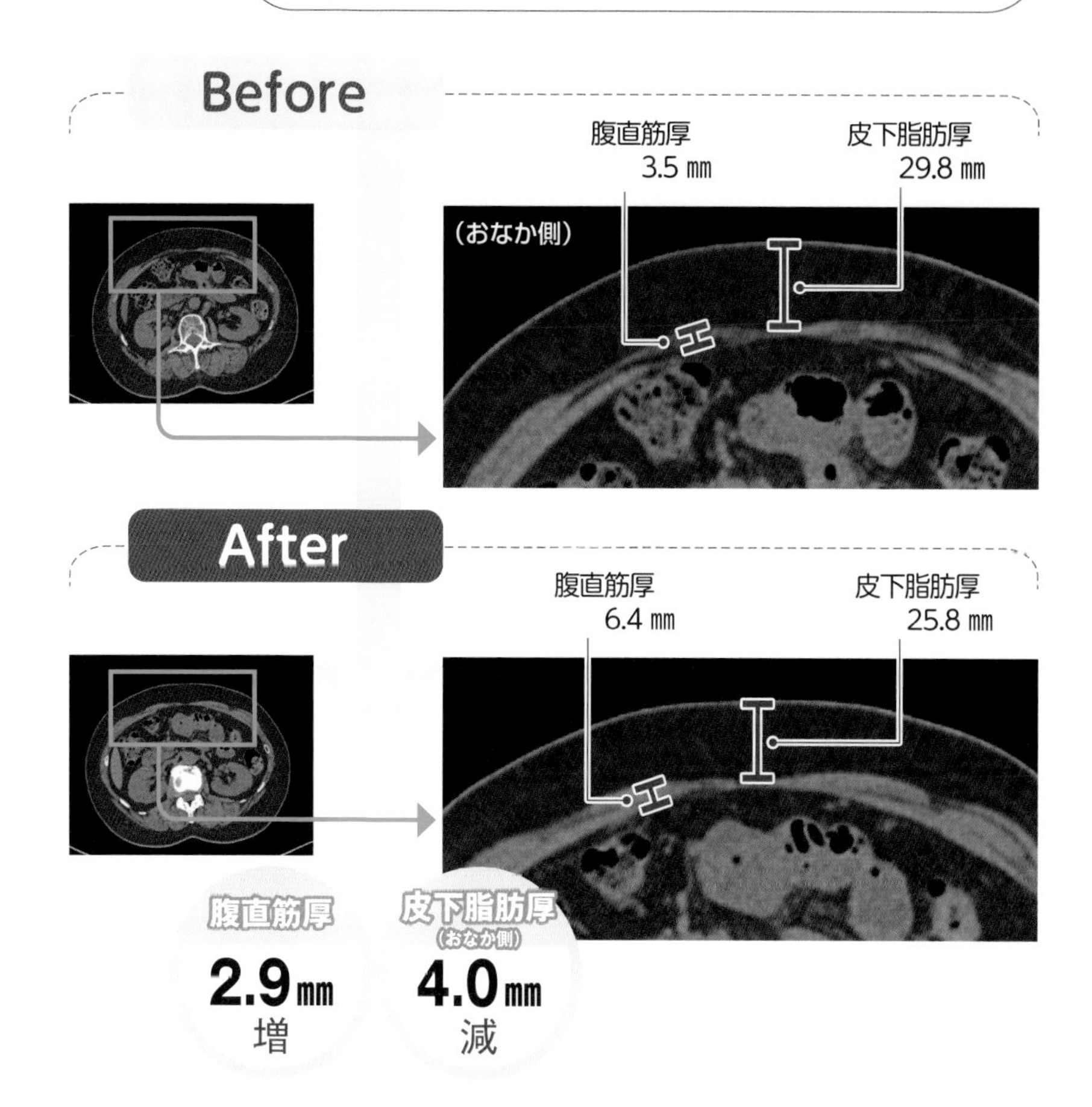

母の介護ストレスでつい食べすぎてしまい、1日4食もとっていたら体重が急増。なんとかしようと思い、ひざ痛の人でもらくにできるヒップスクワット（59ページ参照）を実践。さらに、たんぱく質の摂取量を毎食メモしました。

そのおかげで、おなかの脂肪が減り、3カ月でLDL（悪玉）コレステロール値が134ミリグラムから109ミリグラムに低下。肝機能値も大幅に改善しました。

体験 5

妻を背負いながら美腹スクワットを実践！体脂肪が減ってウエストが引き締まった

おなかの中の変化

Before

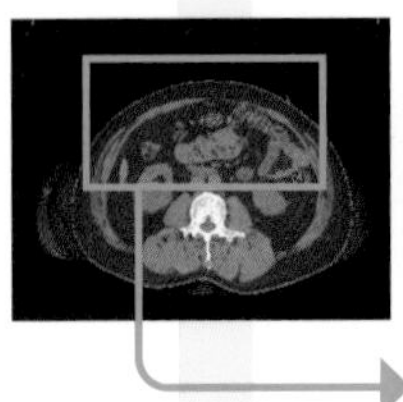

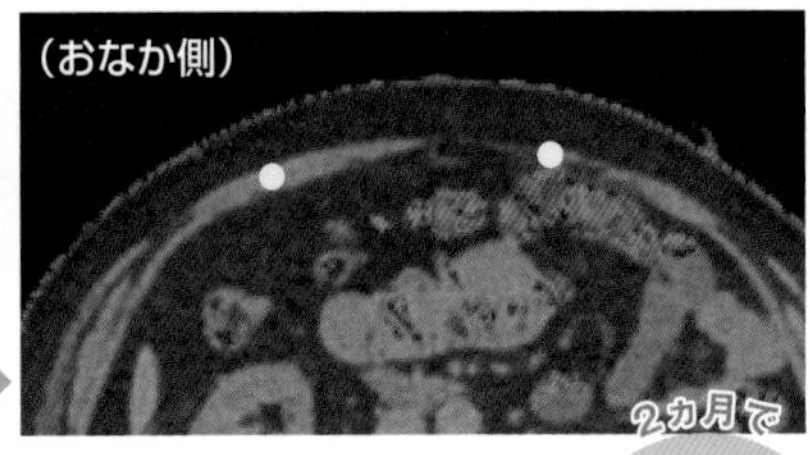

2ヵ月で
体重 96.0kg→94.2kg
1.8kg 減

体脂肪率 29.9%→28.1%
1.8% 減

After

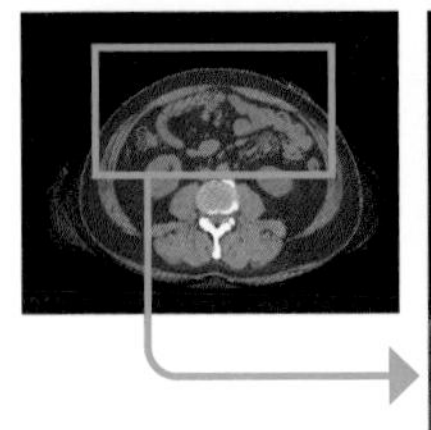

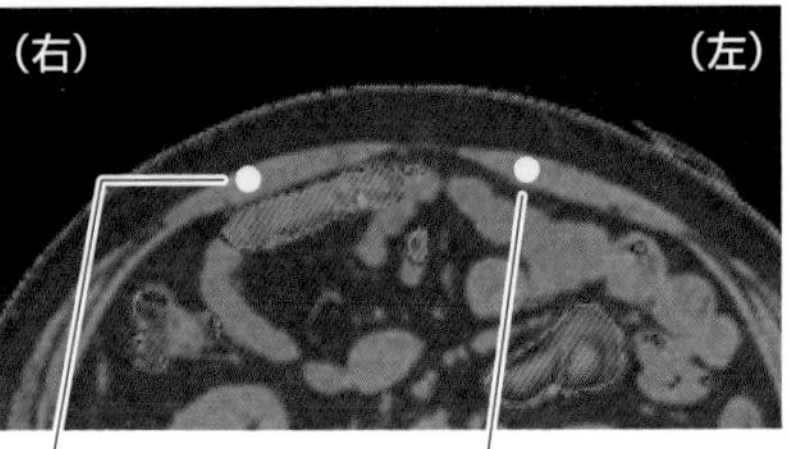

右腹直筋が厚くなった

左腹直筋はまだらだった筋線維の形が整い、厚くなった

岡田（おかだ）武之（たけゆき）さん（仮名）
52歳・男性
身長186cm

メタボ健診で「内臓の周りに脂肪がたまっている」と毎年のように指摘されていました。そこでバーベルで負荷をかけながら美腹（ビバラ）スクワットを行ったところ、わずか2ヵ月でおなか周りが引き締まってきました。今はバーベルの代わりに妻を背負いながら続けています。

第5章

たるんだ二の腕が引き締まる！ 垂れ尻が美尻に！
むくみ脚が美脚に！ 太い足首が細くなる！

美腹スクワットのダイエット効果を高める奥田式・美ボディメイク

プヨプヨにたるんだ二の腕・背中・お尻、締まりのないふくらはぎ・足首がみるみる一変！部位別エクササイズでメリハリボディに

何歳になっても美しいシルエットになる「美ボディ」を目指すには、プヨプヨした二の腕や背中、たるんだお尻(しり)、むくんだふくらはぎ、締まりのない足首のボディメイクも欠かせません。

美腹(ビバラ)スクワットを始めた私は、おなか以外の部位も気になりだしました。特に「どうにかしたい」と強く思ったのが二の腕のたるみです。力こぶができる上腕二頭筋は、ひじを曲げたり物を持ったりするさいなどによく使われますが、下にある上腕三頭筋はふだん使うことがあまりありません。上腕三頭筋が加齢とともに脂肪がたまり、プヨプヨと垂れてきたのです。

背中のぜい肉も目につきました。これは主に僧帽筋(そうぼう)・脊柱起立筋(せきちゆう)・広背筋などの背中の筋肉の衰えが原因です。そして、スーツを着たさいに目立つのが垂れぎみのお尻。大殿筋(だいでん)・中殿筋(ちゅうでん)・小殿筋(しょうでん)の筋肉量が減少し、張りもなくなってきました。

3ヵ月の奥田式・ボディメイクエクササイズで二の腕が引き締まり、たるみが解消された。

私は仕事柄、座りっぱなしのことが多く、ふくらはぎがむくんでパンパンになっていることがよくありました。第二の心臓と呼ばれるふくらはぎは、下半身の血液やリンパ液を上へと押し上げるポンプの役割を担っています。ふくらはぎにある腓腹筋（ひふく）やヒラメ筋が衰えると、ポンプがうまく働かなくなり、むくみが生じやすくなります。太くなって締まりのなくなった足首も気になった部位です。

こうした悩みを解決するため、美腹スクワットとともに行ったのが「奥田式・美ボディメイクエクササイズ」。美腹スクワットと同様、週1～2回行っただけで、背中やお尻、足首が引き締まり、ふくらはぎのむくみもほとんど起こらなくなりました。何よりうれしいのは二の腕が出る半袖の洋服を、自信を持って着られるようになったことです。

奥田式・美ボディメイク ❶

「二の腕」を引き締める体操

上腕三頭筋はたるみが生じやすく、セルライト（脂肪のかたまり）もできやすい部位です。引き締めて、すっきりした上腕三頭筋をつくりましょう。

❶［基本編］座って 両腕曲げ伸ばし

❶ ひざを立てて座り、両手を後ろにつく

息を **吸う**

二の腕の筋肉を意識する

❷ ひじをゆっくりと曲げながら2秒かけて上体を沈めていき、1秒かけて❶の姿勢に戻す

ひざを曲げる角度は90度くらいまで

苦しくない程度にあごを引く

目線は斜め下

息を **吐く**

❸ ❶❷をくり返す

・強化する筋肉・

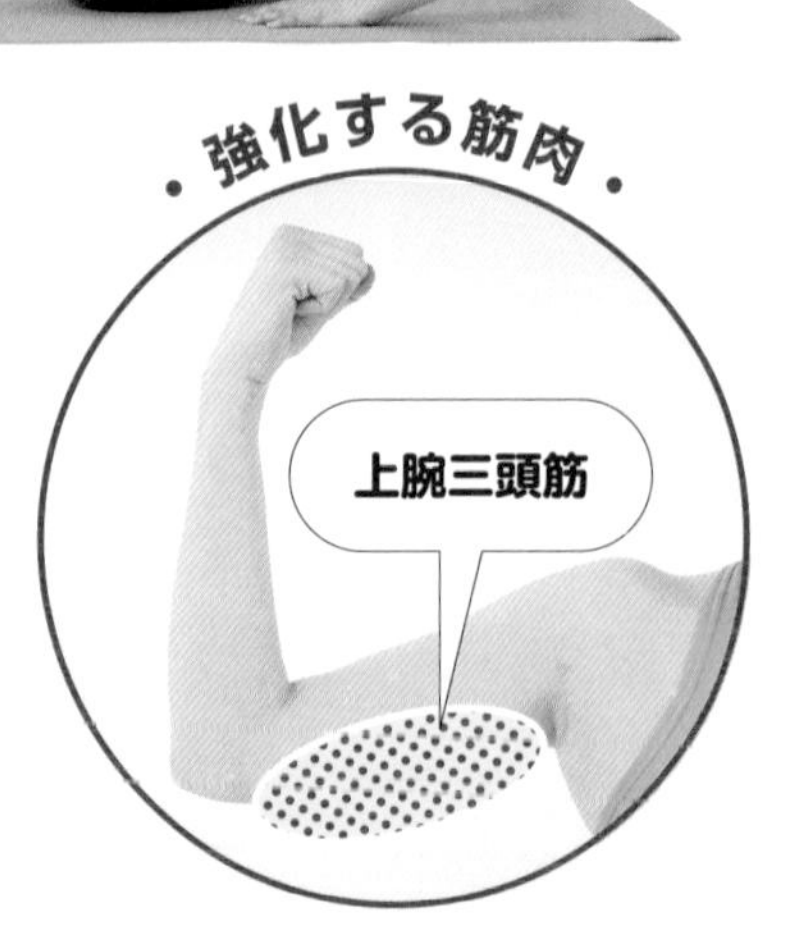

❶～❷を 10回くり返し1セット
週に2回 ほど行う

2［上級編］イスを使って **両腕曲げ伸ばし**

1 イスに浅く座って
座面の縁に両手をかけ、
両足を腰幅くらいに開く

2 両ひじをゆっくり曲げながら、
2秒かけて腰を下ろす

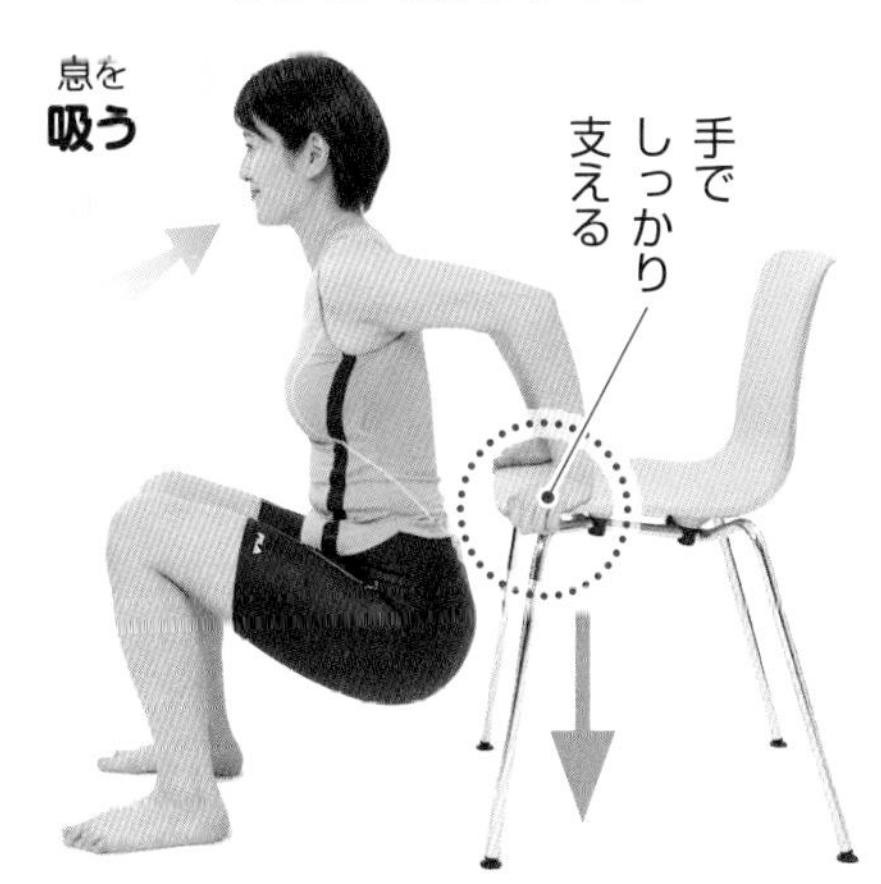

3 両ひじをゆっくりと伸ばしながら、1秒かけて体を持ち上げる

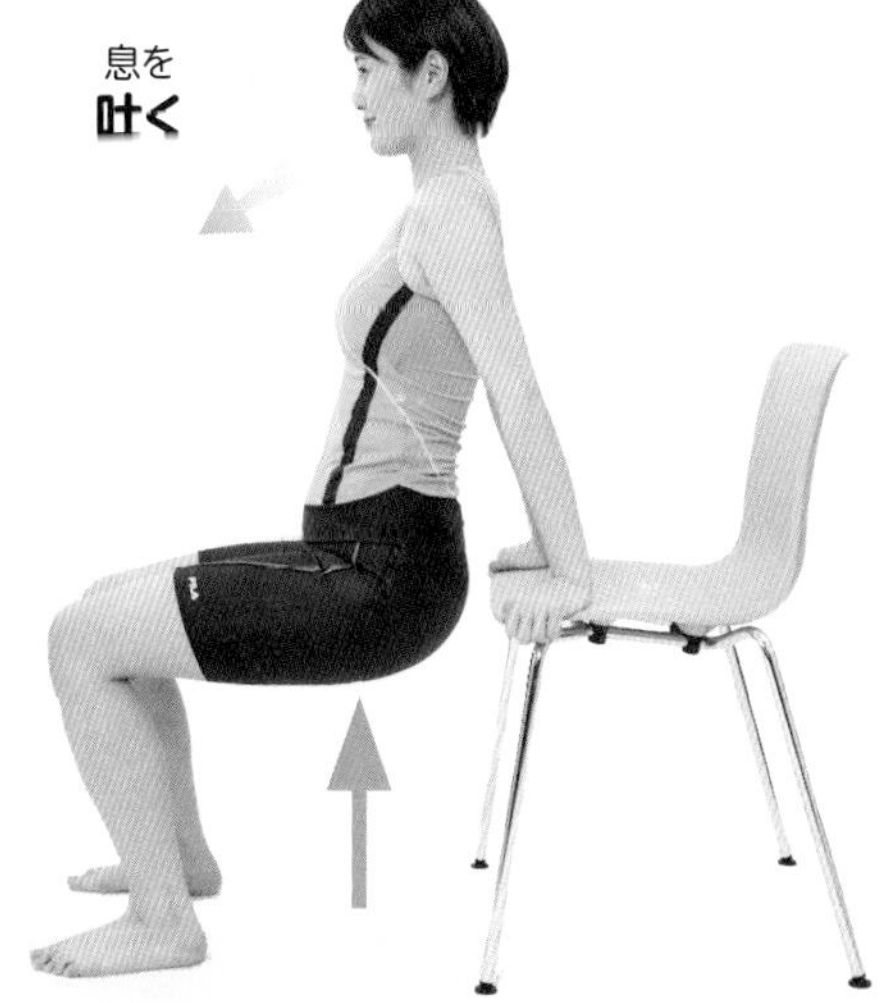

4 ❷❸をくり返す

❷〜❸を10回くり返し1セット
週に2回
ほど行う

注意 体操を行うさいは無理せずできる範囲で行うこと。途中で痛みなどが生じたら中止しましょう。転倒には十分注意してください。

奥田式・美ボディメイク❷

「背中」を引き締める体操

タイトなTシャツなどを着ると、気になる背中の脂肪。その原因は背中の筋肉の衰えです。背中の筋肉を鍛えることはねこ背の予防にも有効です。

1［基本編］タオルで 両腕上げ下げ

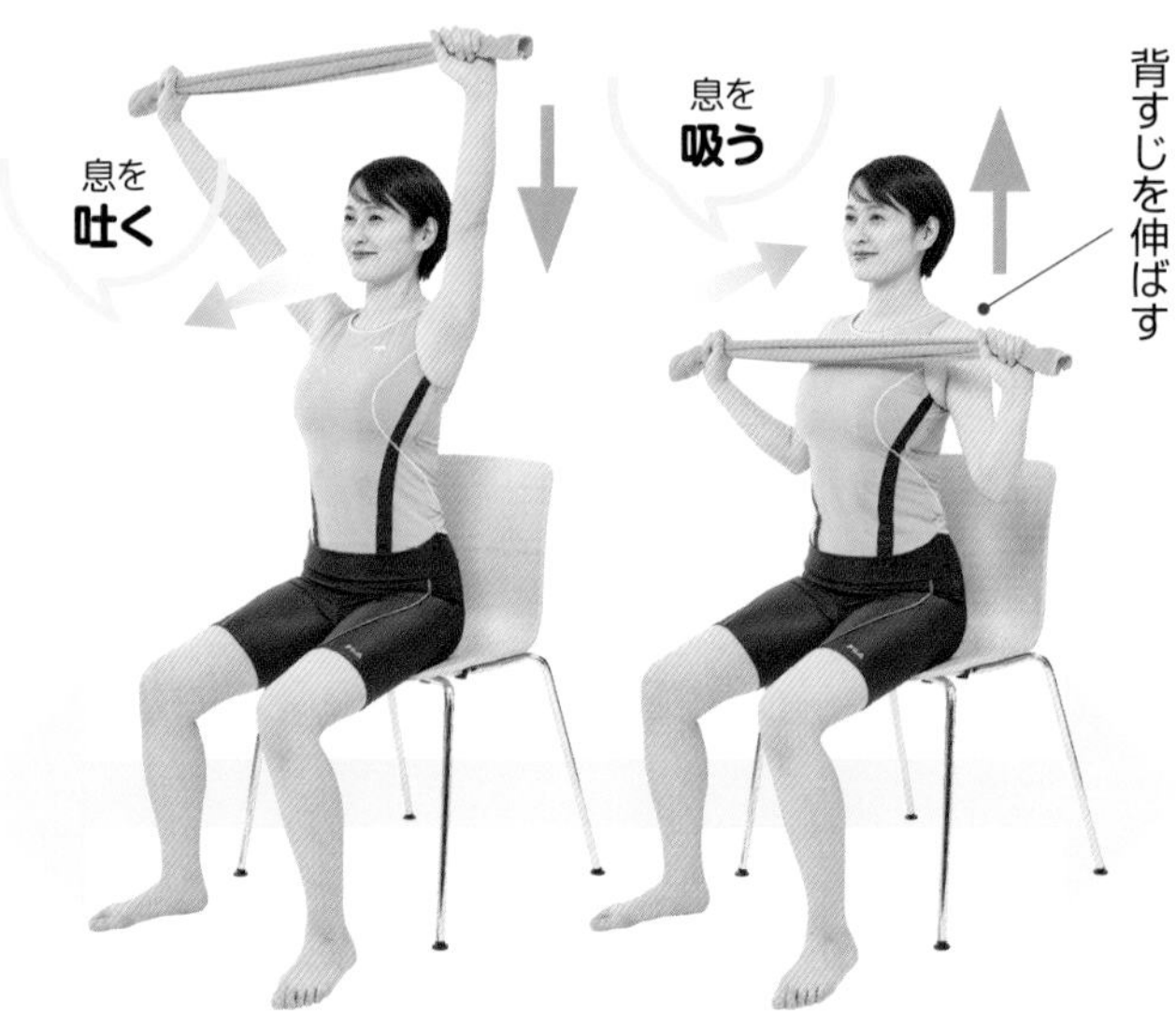

❶ イスに座り両足を広げる。両手でタオルの端を持ち、胸の上に置く

❷ 息を吸いながら1秒かけて両腕を伸ばす。伸ばし切ったら、息を吐きながら1秒かけて❶に戻す

❸ ❶❷をくり返す

NG

肩に力を入れすぎないように注意。

×

❶～❷を10回くり返し1セット
週に2回ほど行う

注意　体操を行うさいは無理せずできる範囲で行うこと。途中で痛みなどが生じたら中止しましょう。

2［上級編］うつぶせで **両腕曲げ伸ばし**

週に2回
ほど行う

息を
吸う

1 うつぶせになり、両手を曲げて床に置く

息を
吐く

無理せずできる範囲で浮かせる

足は床につけたまま

2 頭を上げ、両腕を浮かせて1秒かけて伸ばす

息を
吸う

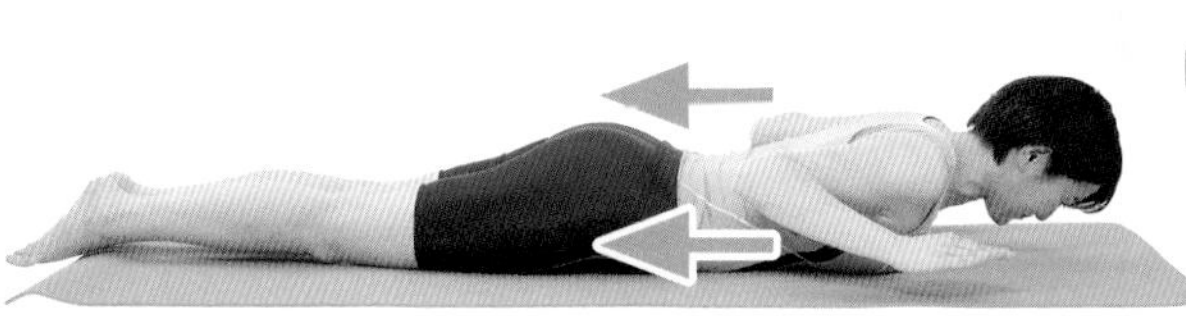

3 鼻から息を吸いながら、両ひじを1秒かけて後ろに曲げる

4 2 3を3～5回くり返したら、息を吐きながら1の姿勢に戻る

・強化する筋肉・

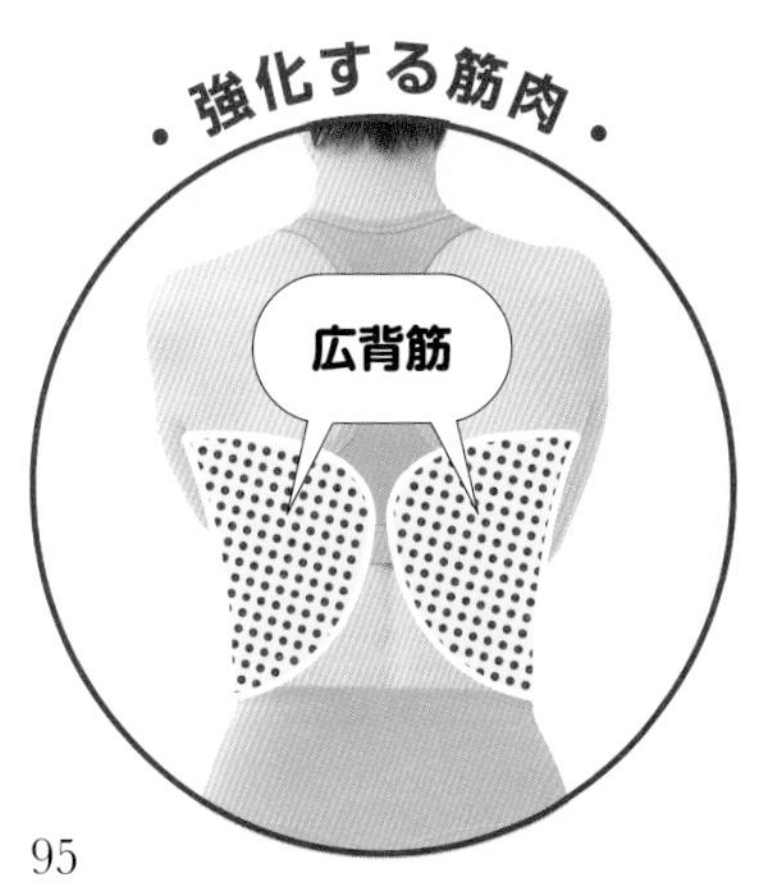

3のひじを曲げるときは肩甲骨を中央に寄せるようにすると効果的。

奥田式・美ボディメイク ❸

「お尻」を引き締める体操

お尻（しり）のWの形とヒップラインをつくっている大殿筋（だいでんきん）や左右のバランスを担っている中殿筋を鍛えます。お尻を引き締めるのに効果的な運動です。

❶［基本編］壁ぎわで **左右足振り**

❶ 壁の前で両足を広げて立ち、軽くひじを曲げて壁に手をつく

❷ 片足を斜め後ろに1回1秒かけて10回振る

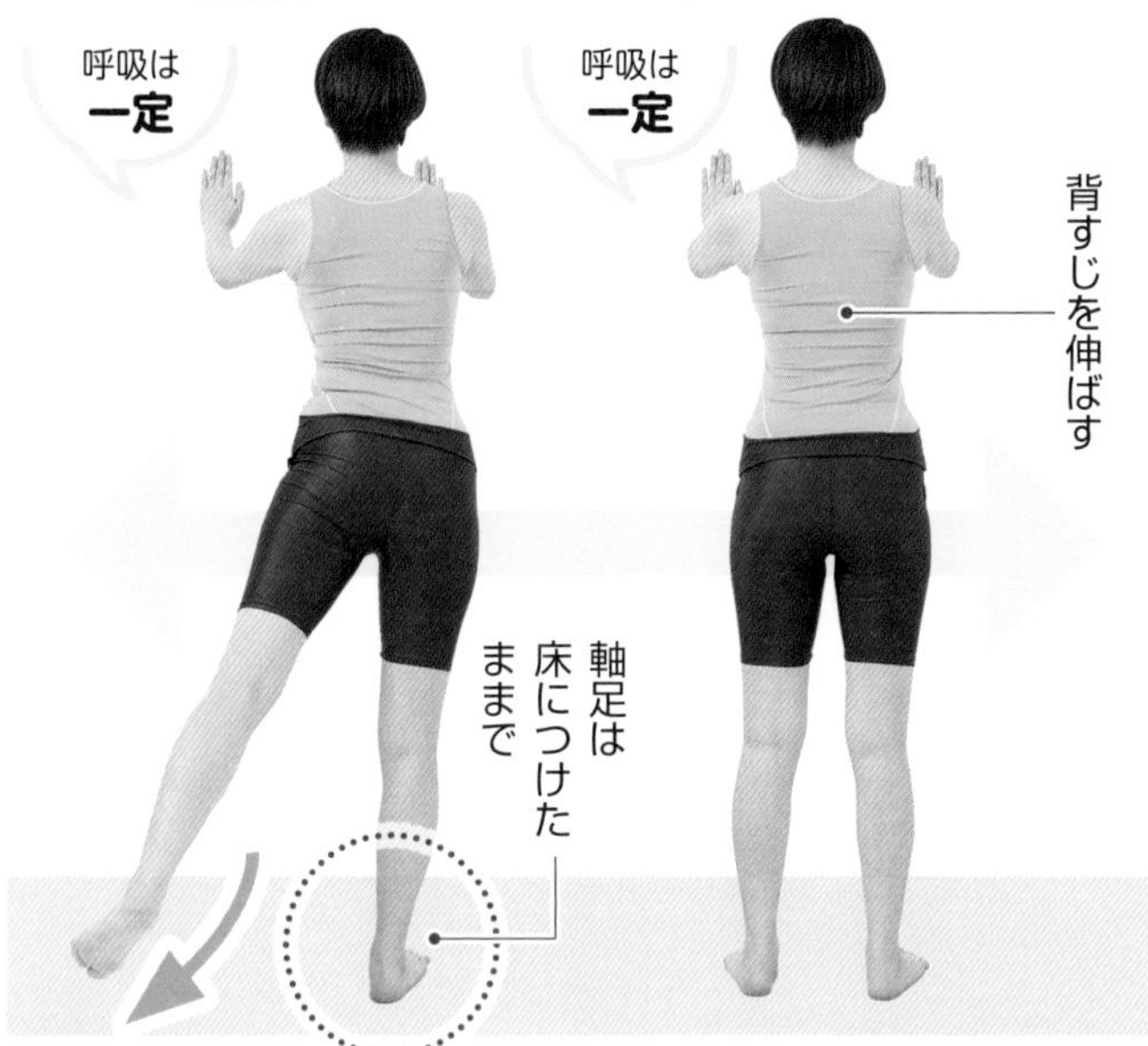
呼吸は
一定
呼吸は
一定
背すじを伸ばす
軸足は床につけたままで

❸ 左右の足を替えて、❷と同様に行う

❷〜❸を行い1セット
週に2回ほど行う

NG ✕

ひざを曲げない。伸ばしたまま行う。

❷［上級編］あおむけで **腰上げ下げ**

❶～❷を 4～5回くり返し1セット

週に2回 ほど行う

❶ あおむけに寝て、両ひざを立てる。両足は肩幅に広げ、手を床に伸ばして置く

肩・腰・ひざが一直線になるように

息を
吐く

お尻をギュッと締める

❷ 腰を1秒かけて持ち上げ、1秒かけてもとの姿勢に戻る

❸ ❶❷をくり返す

ポイント
骨盤がグラグラしないようにして腰を持ち上げる。腰を反らすと腰に負担がかかるので注意する。

強化する筋肉

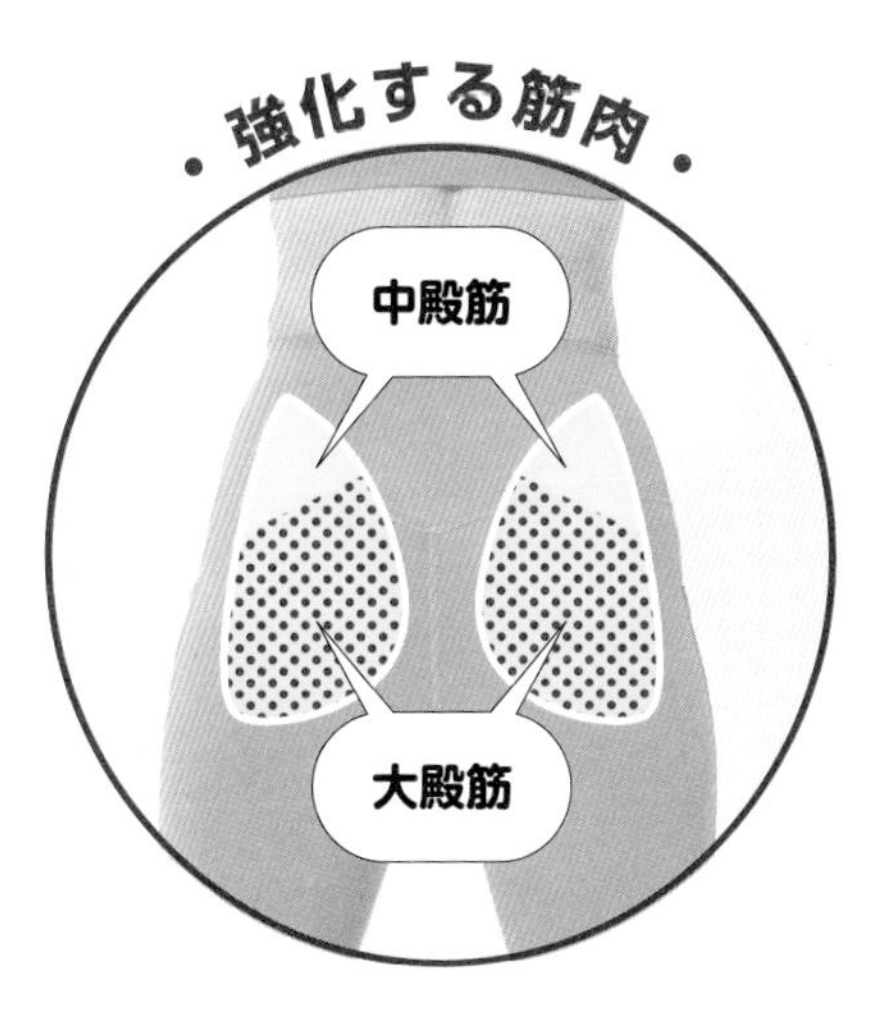

奥田式・美ボディメイク 4

「ふくらはぎ」を引き締める体操

ふくらはぎは下半身の血液を心臓に戻すポンプの役割をし、第二の心臓と呼ばれます。ふくらはぎを鍛えることで冷え症やむくみの解消に役立ちます。

1 ［基本編］ 壁ぎわで かかと上げ下げ

1 壁の前で両足を広げて立ち、軽くひじを曲げて壁に手をつく。両足のかかとを1秒かけて上げる

2 両足のかかとをゆっくりと床につかないところまで1秒かけて下げる

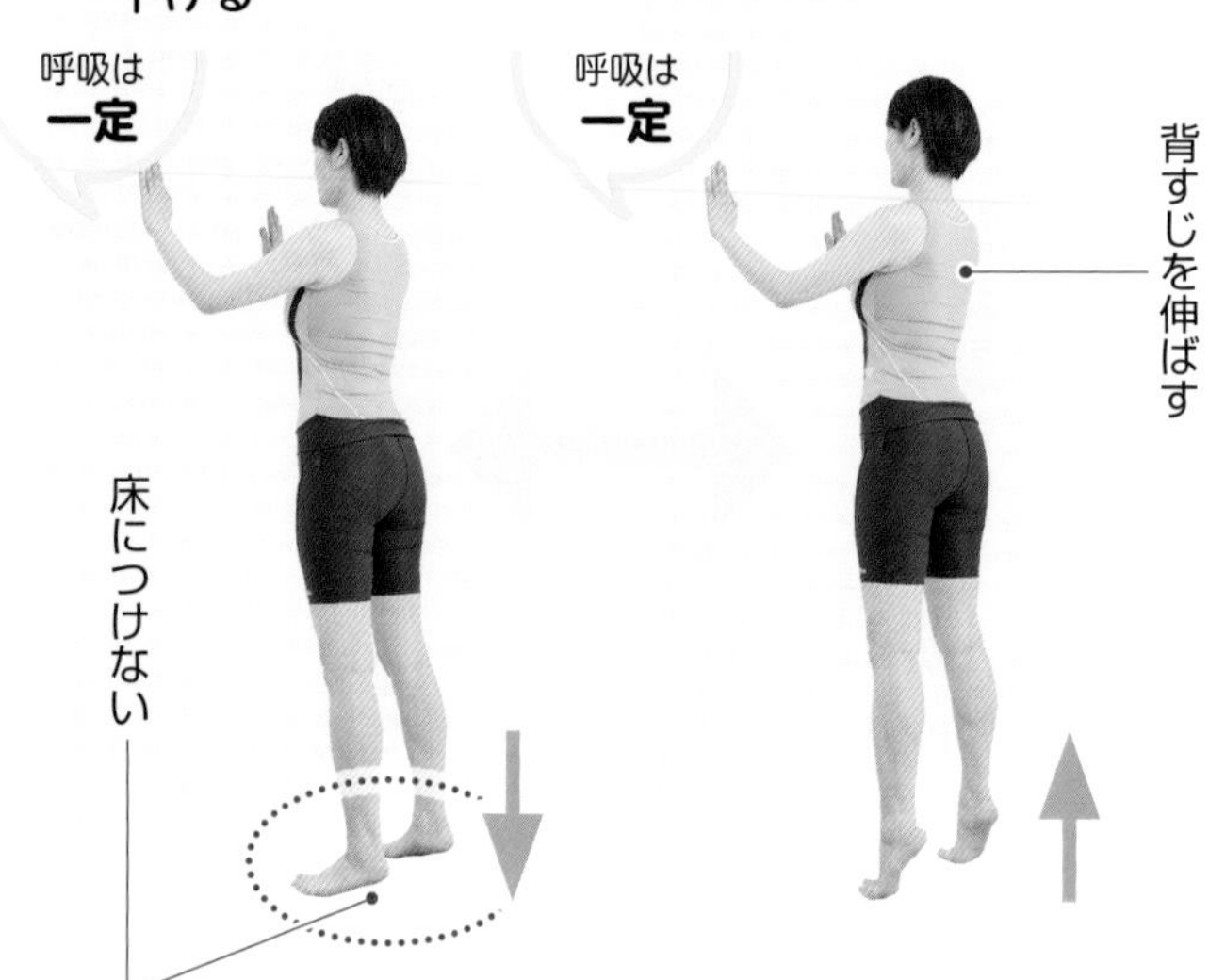

3 ❶❷の上げ下げを1分間くり返す

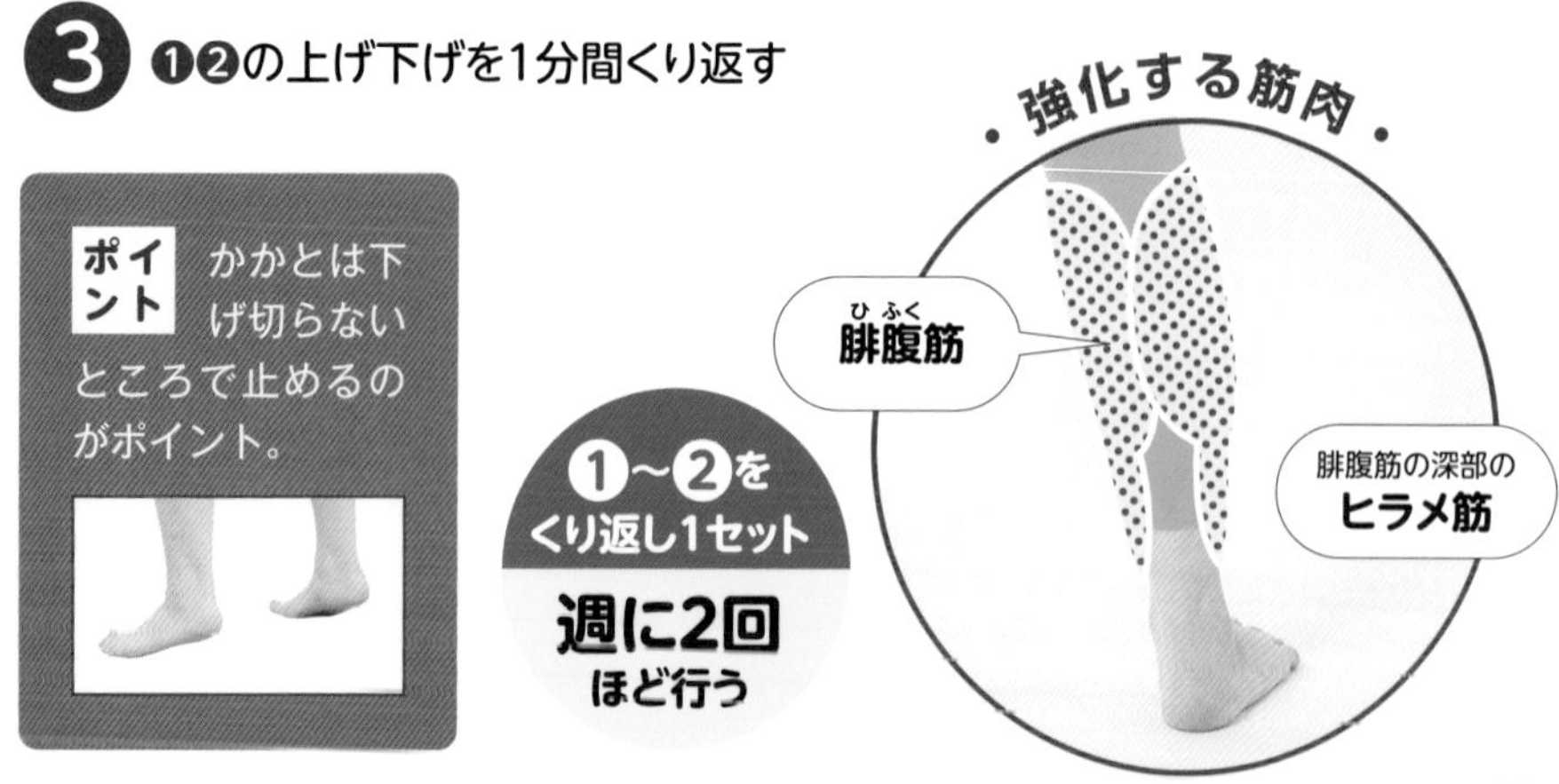

ポイント かかとは下げ切らないところで止めるのがポイント。
❶〜❷を
くり返し1セット
週に2回
ほど行う
強化する筋肉
腓腹筋（ひふく）
腓腹筋の深部の
ヒラメ筋

❷［上級編］壁ぎわで **片足かかと上げ下げ**

❶ 壁の前で両足を広げて立ち、軽くひじを曲げて壁に手をつく。片足のかかとにもう一方の足首を掛ける。かかとをゆっくり上げる

呼吸は
一定

かかとに足首を掛ける

ゆっくり
上げる
（1秒くらいで）

❷ かかとをゆっくりと床につかないところまで下げる。上げ下げを8回くり返す

呼吸は
一定
ゆっくり
床につかない
ギリギリまで
下げる
（1秒くらいで）

❸ 左右の足を替え、❶❷を同様に行う

❶〜❸を行い1セット
週に2回ほど行う

注意　体操を行うさいは無理せずできる範囲で行うこと。途中で痛みなどが生じたら中止しましょう。

奥田式・美ボディメイク 5

「足首」を引き締める体操

足首は腱（けん）と骨で構成されています。ここではアキレス腱のストレッチを行います。アキレス腱の柔軟性が高まり、足首が引き締まります。

立ちひざで 足首伸ばし

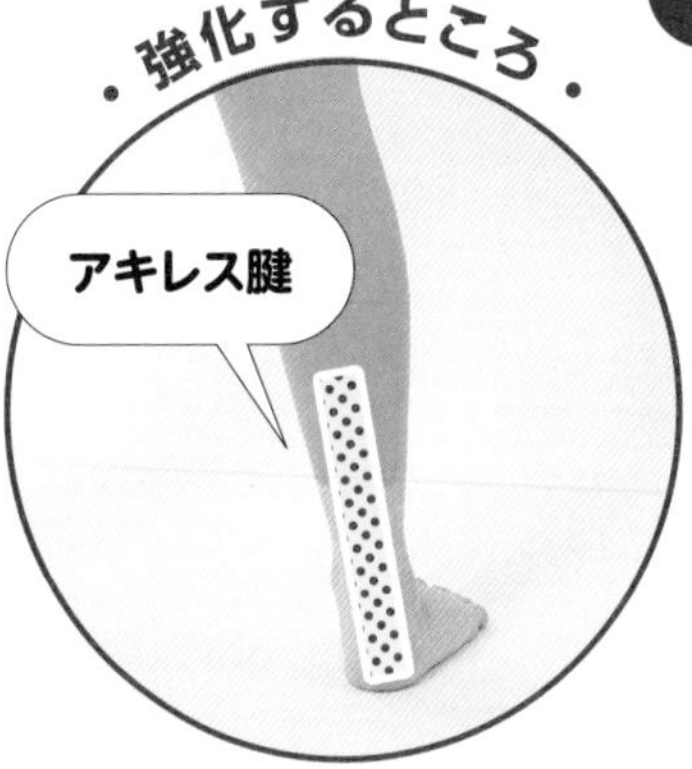

1 正面で片ひざを立て両手を置き、もう一方のひざは斜め後ろで床につく

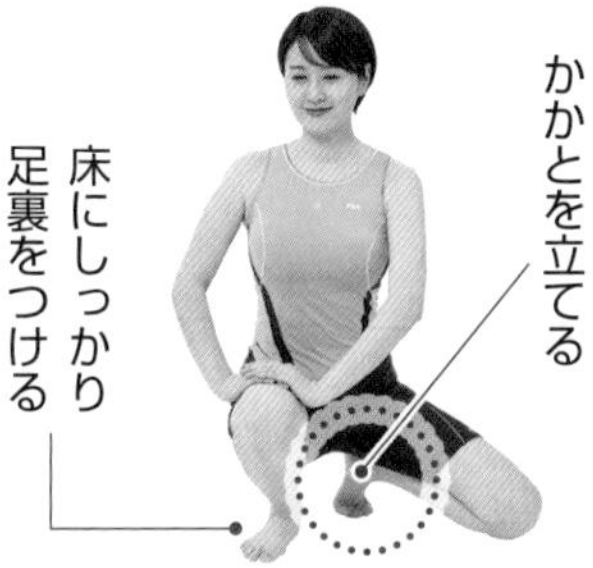

2 目線は斜め下に向け、ゆっくりと上体を下げ20秒キープ

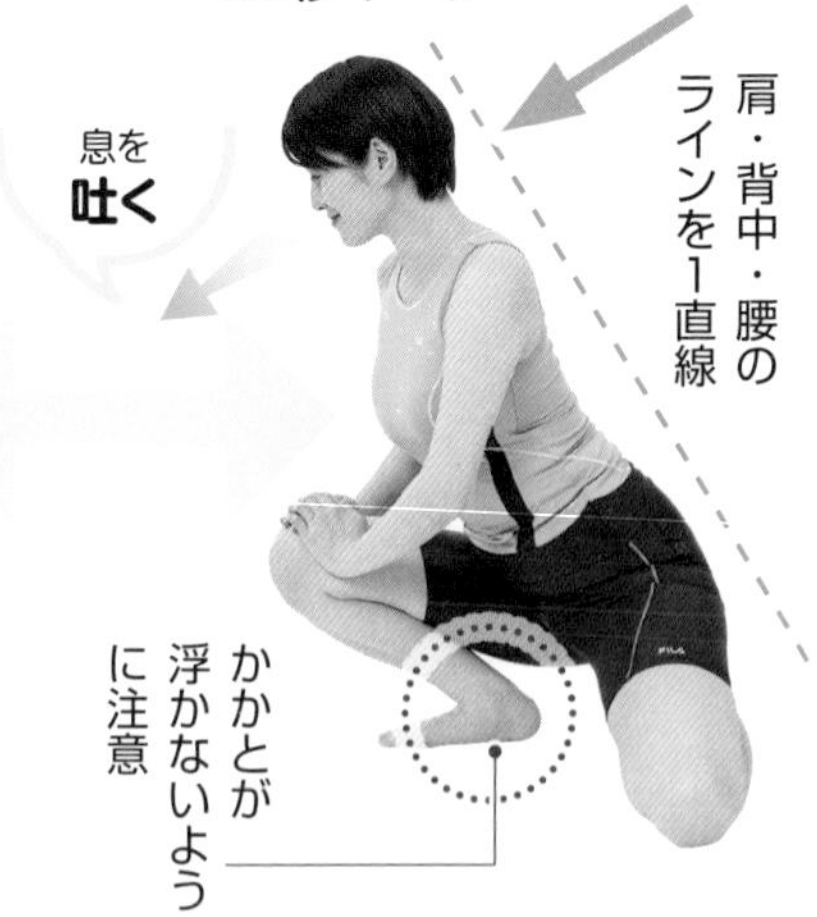

3 ゆっくりともとの姿勢に戻る。❷❸を5回くり返す

4 左右の足を替えて、❷❸を同様に行う

❷〜❹を行い1セット
週に2回
ほど行う

第6章

おなかやせ効果が抜群!

美腹スクワットの効果をさらに高めて 医師の私も日々実践する美腹・美容習慣

太りにくくやせやすい体質になるには「たんぱく質」がカギを握っている！ 満腹感が持続して「つい食べすぎ」も防げる

美腹（ビバラ）スクワットの効果を高めるには、食事も大切な要素です。おなか太りを解消して美しくきれいにやせるには、「たんぱく質」が重要な役割を果たしているからです。人間の体には、多くのたんぱく質が含まれています。筋肉の主成分もたんぱく質です。筋肉の中でも、骨格に沿ってついている「骨格筋」は基礎代謝量が高いぶん、骨格筋が減ってしまうと基礎代謝量も落ちてしまいます。基礎代謝は、何もしなくても消費されるエネルギーのこと。そのため、たんぱく質が不足すると、骨格筋の基礎代謝量が落ちて、太りやすくやせにくい体質になってしまいます。おなかやせを実現するには、たんぱく質の摂取がカギを握っているのです。

飽食の時代といわれて久しいですが、近年における日本人の1日あたりのたんぱく質摂取量は60年以上前と同じ程度です。日本人のたんぱく質摂取量は高度経済成長期（1960～1970年代）に急上昇し、1995年にピーク（81・5グラム）を迎え、

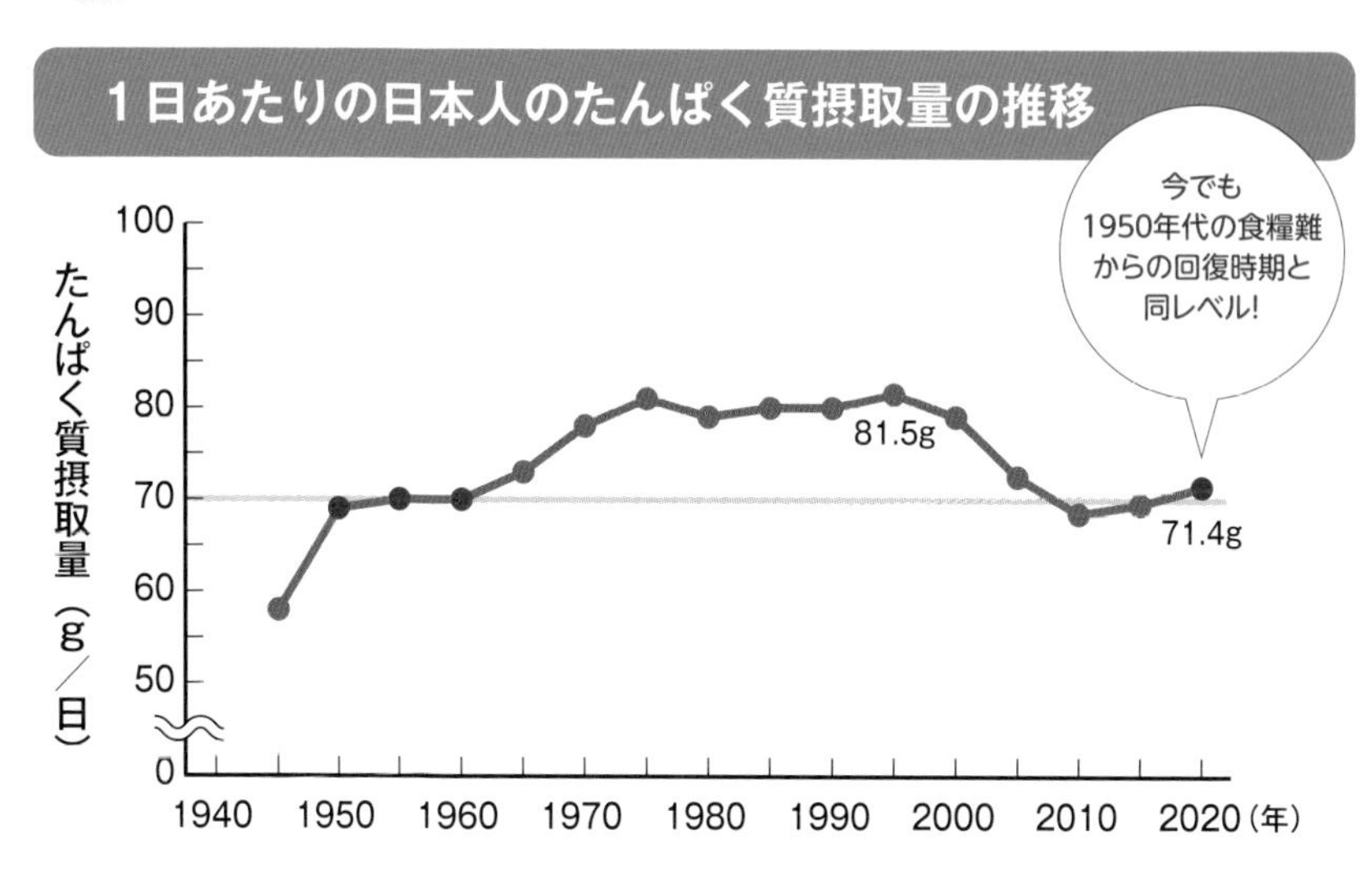

出典:「国民栄養の現状」「国民栄養調査」「国民健康・栄養調査」(厚生省・厚生労働省)

２０００年ごろまでは80グラム前後を維持していましたが、そこから急降下しました。２０１９年は71・４グラムと、１９７０年以前の摂取量まで落ち込んでいるのです。２０１０年から上昇傾向にありますが、それでもたんぱく質の摂取量は足りていないといわざるを得ません。

たんぱく質は、やせるために最も必要な栄養素です。食べすぎもダイエットの大敵ですが、これもたんぱく質が防いでくれます。たんぱく質は糖質と比較すると、体内での分解や吸収に時間がかかります。そのため満腹感が持続しやすく、ダイエット中でも空腹に我慢ができず、反動からつい食べすぎてしまうという事態を招くこともありません。たんぱく質が豊富な食生活を心がければ、腹持ちがよく、腹八分目の量でも十分満足できるはずです。

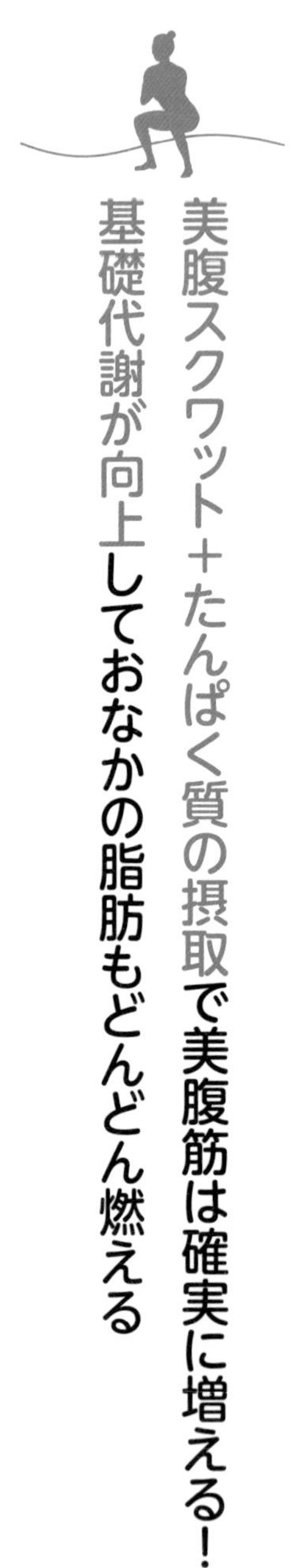

美腹スクワット＋たんぱく質の摂取で美腹筋は確実に増える！
基礎代謝が向上しておなかの脂肪もどんどん燃える

人間の体は「水分」「たんぱく質」「脂質」「ミネラル」という4つの主要成分と微量の「糖質」から構成されています。この中で最も多いのが水分で、体重の6割以上を占めています。水分を除いた栄養素だけで見ると、たんぱく質は人体の構成要素の4割以上を占め、脂質、ミネラル、糖質よりも多くなっています。このことから、たんぱく質は最も重要な栄養素といっても過言ではありません。

体内に存在するたんぱく質の量はほぼ一定で、合成と分解をくり返し、常に新陳代謝が行われています。たんぱく質は新陳代謝が活発で、体全体では約80日でその半分が入れ替わります。しかも、たんぱく質は体にためておくことができません。余分にとっていても尿として排出されます。日々、食品から摂取する必要があるのです。

たんぱく質は筋肉を作る材料となる大事な栄養素です。毎日、必要量のたんぱく質を摂取すると、老若男女を問わずに筋肉量は増えていきます。筋肉量が増えると、基

水分を除くと人体の４割以上は「たんぱく質」

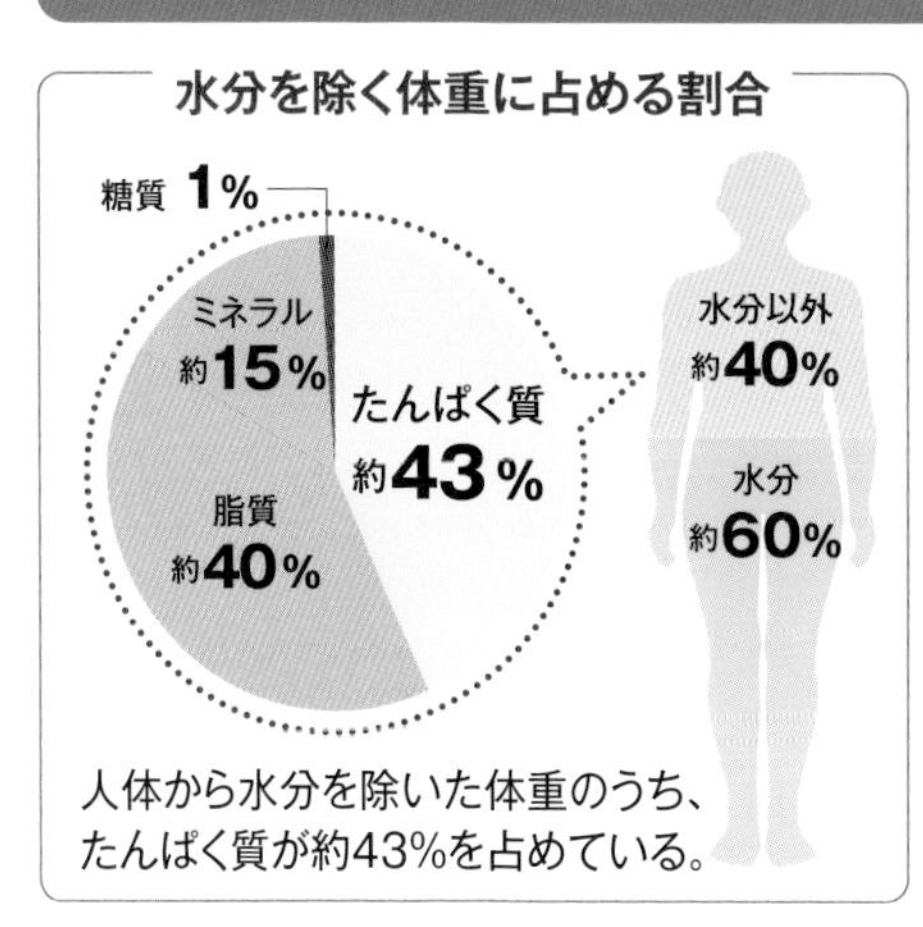

たんぱく質を食事からとる
▼
体内でアミノ酸に分解される
▼
一部がアミノ酸として貯蔵される
▼
筋たんぱく質が合成され筋肉になる

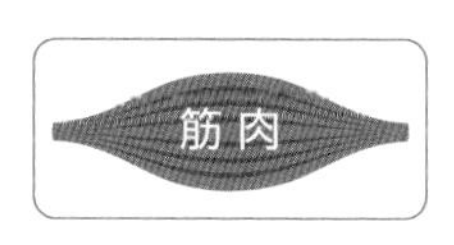

出典：「食生活改善指導担当者テキスト」（厚生労働省）

礎代謝が上がります。基礎代謝が上がれば、おなかの脂肪も自動的に燃えてくるのです。

逆にたんぱく質が不足すると、運動をしても筋肉量は増えません。運動では糖質や脂質だけでなく、筋肉もエネルギー源として消費され分解していきます。たんぱく質が十分にあれば筋肉は新たに合成されますが、不足していれば、美腹（ビバラ）スクワットを行っても筋肉量は減っていきます。基礎代謝が落ちてやせにくい体になるうえ、たんぱく質不足から食事の満足感を得られず、リバウンドも起こしやすくなるのです。

「美腹スクワット＋たんぱく質の摂取」を実践すれば、美腹筋をはじめ筋肉は確実に増えていきます。基礎代謝も向上し、どんなタイプのおなか太りも解消して魅力的に引き締まってきます。

私のイチオシ美腹食は「チキンステーキ」。1食分のたんぱく質を効率よく摂取でき肌の弾力もアップしてきれいにやせる

たんぱく質の1日の必要摂取量は、性別や年齢、活動量によって違ってきます。厚生労働省の「日本人の食事摂取基準2020年版」では、男女の各年齢、身体活動レベルに応じて推奨量を明示していますが、おおまかには体重1キロにつき1グラムを摂取するのがわかりやすい目安となります。体重が60キロの人なら、1日のたんぱく質摂取量は60グラムを目指しましょう。

注意してほしいのは、たんぱく質を無理に大量にとってしまうことです。たんぱく質は体内に貯蔵することができず、まとめて大量にとっても、使われない分は排出されてしまいます。1日3食、必要目安量を3等分してとるようにしましょう。体重60キロの人なら、朝昼晩それぞれ20グラムが目安です。

たんぱく質の摂取で、私がイチオシしているのは「チキンステーキ」です。鶏肉は高たんぱく質で低カロリーであるため、筋力トレーニングを行うトレーナーにも大人

イチオシ美腹食「チキンステーキ」

気。日本食品標準成分表（八訂）によると、鶏肉100グラムのたんぱく質量は胸肉（皮つき・生）で21・3グラム、もも肉（皮つき・生）が16・6グラムです。体重60キロの人なら、1食分のたんぱく質が150グラム程度のチキンステーキ1枚で摂取できます。旬（しゅん）の野菜をつけ合わせることで、ビタミンやミネラルも補給できるのも大きなメリットです。チキンステーキは塩コショウで味つけするだけでも十分おいしいですが、私は梅肉ポン酢を使ったり、細かく刻んだネギをラー油に混ぜたり、ゴマだれをかけたりしています。たれを工夫することで、飽きずに楽しんでいます。

　チキンステーキをぜひおススメしたいのは、たんぱく質が豊富であることに加えて、鶏皮にコラーゲンがたっぷり含まれていることも大きな理由です。きれいにやせるためには、肌の弾力性のアップも欠かせません。コラーゲンはたんぱく質の一種で、皮膚や骨など、あらゆる組織や臓器に分布しています。人間の体内に存在するコラーゲンのうち約40％は皮膚にあり、肌に潤いや弾力を与える役割をしているのです。さらに、肌のたるみやしわの改善にも役立ちます。

最近は、低カロリー・低脂質のプロテイン食品が多種類市販されています。美腹（ビバラ）スクワットを実践していく中で、小腹がすくこともあるはずです。間食はよくないからと、無理に我慢する必要はありません。そんなときは、プロテイン食品を上手に活用しましょう。空腹がまぎれるだけでなく、たんぱく質の補給もでき、一石二鳥です。

たんぱく質のほか、同じく三大栄養素である糖質や脂質の摂取も重要です。たんぱく質とともに糖質を摂取すると、血糖値が上昇するため、膵（すい）臓からインスリンというホルモンが分泌（ぶんぴつ）され、血液中のブドウ糖を筋肉細胞や肝臓に取り込むよう促し、血糖値の上昇を防いでくれます。それだけでなく、インスリンは筋肉のたんぱく質を合成する酵素を活性化し、同時に分解も防ぐことで、筋肉量を増やす効果もあるのです。

また、脂質は肌に弾力と潤いを与える重要な栄養素で、不足すると肌の新陳代謝が低下します。肌の若返りのためにも、脂質の適度な摂取は必要不可欠です。もちろん、脂質のとりすぎには注意が必要ですが、私はサラダにかけるドレッシングや少量のチーズで、脂質を意識的にとるようにしています。

たんぱく質の1日あたりの目安量
＝体重1kgあたり1gを目標にしよう

体重60kgの人なら、1日あたりの目安量は60g。
朝昼晩の食事で20gずつをとるといい。

※ 腎臓病の方はたんぱく質のとりすぎに注意してください。

食材別たんぱく質量リスト（100gあたり）

		たんぱく質量（g）	エネルギー(kcal)
鶏肉	ささみ（生）	23.9	98
	胸肉（皮つき・生）	21.3	133
	レバー（生）	18.9	100
	手羽先（皮つき・生）	17.4	207
	もも肉（皮つき・生）	16.6	190
牛肉	レバー（生）	19.6	119
	もも（脂身つき・生）	19.2	235
	ヒレ（赤身・生）	19.1	207
	ひき肉（生）	17.1	251
	肩ロース（脂身つき・生）	13.8	380
豚肉	ヒレ（赤身・生）	22.7	105
	レバー（生）	20.4	114
	もも（脂身つき・生）	19.5	211
	肩ロース（脂身つき・生）	17.7	241
	バラ（脂身つき・生）	13.4	398
肉加工品	生ハム（長期熟成）	25.7	253
	ボンレスハム	18.7	115
	ロースハム	18.6	211
	ベーコン	17.2	178
	ウインナーソーセージ	11.5	319
魚介類	クロマグロ（赤身・生）	26.4	115
	カツオ（春獲り・生）	25.8	108
	ブリ（生）	21.4	222
	マサバ（生）	20.6	211
	ホッケ（開き干し・生）	20.6	161
卵	ウズラ卵（生）	12.6	157
	卵（生）	12.2	142
	だし巻き卵	11.0	123
	厚焼き卵	10.5	146
	卵豆腐	6.5	76
豆類	炒り大豆（青大豆）	37.7	425
	油揚げ（生）	23.4	377
	ひきわり納豆	16.6	185
	厚揚げ	10.7	143
	豆腐（木綿）	7.0	73
乳製品	ヨーグルト（プレーン）	3.6	56
	豆乳（無調整）	3.6	44
	牛乳	3.3	61
	飲むヨーグルト	2.9	64
	乳酸菌飲料	1.1	64

出典：「日本食品標準成分表2020年版（八訂）」（文部科学省）

筋肉の減少と肥満が重なる「サルコペニア肥満」が今急増中！美腹スクワット＋たんぱく質の摂取で転倒や病気のリスクを減らせる

近年、「サルコペニア」が問題視されています。サルコペニアとは、加齢によって筋肉量が減少し、筋力や身体機能が低下している状態のこと。筋肉を作るたんぱく質は、サルコペニアの予防にも役立ちます。

サルコペニアの中でも、シニア層に増加しているのが「サルコペニア肥満」です。サルコペニア肥満とは、筋肉量が減少しているサルコペニアと肥満が重なった状態を指します。サルコペニア肥満は加齢とともに増加する傾向にあり、運動不足と栄養の偏りが主な原因と考えられます。

筋肉量の減少は転倒、骨折、寝たきりなどを引き起こす可能性があります。一方、肥満は糖尿病、高血圧など生活習慣病の元凶です。筋肉量の減少と肥満、どちらか一方の場合よりも、サルコペニア肥満はこうした体のトラブルのリスクをいっそう高めてしまうのです。

サルコペニアの危険度がわかる「指輪っかテスト」

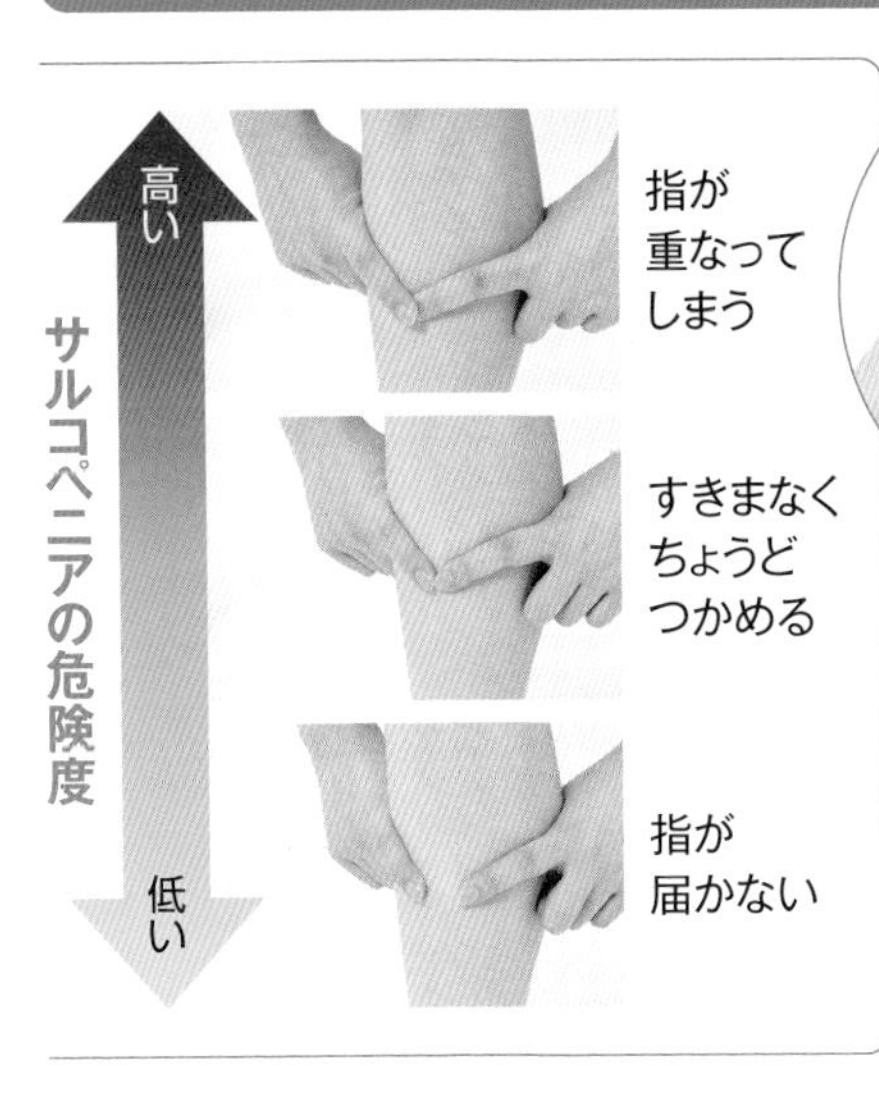

イスに腰かけて、両手の親指と人さし指で輪を作り、利き足ではないほうのふくらはぎの最も太い部分を囲むようにつかむ

サルコペニアは、ふくらはぎの周囲の長さを測る「指輪っかテスト」で、セルフチェックができます。指輪っかテストは、両手の親指と人さし指で輪をつくり、利き足ではないほうのふくらはぎの太さを測るという方法です。親指と人さし指でふくらはぎを囲むことができなければサルコペニアの可能性は低く、指が重なるようなら、その可能性は高まります。

もし現在、サルコペニアの可能性が高いという結果が出ても、落胆する必要はありません。私たちの体は何歳からでも筋肉量を増やすことができ、脂肪を減らすこともできます。美腹（ビバラ）スクワット＋たんぱく質の摂取を心がければ、サルコペニアもサルコペニア肥満も防ぐことは十分可能なのです。

見た目の若さには姿勢も重要！美腹筋を強める座り方「美直角ライン」でねこ背が解消、長時間座りっぱなしの私でも腰痛知らず

見た目の若さを保つには、姿勢が重要です。ねこ背などで姿勢が悪くなると、実年齢以上に老けて見られることがあります。姿勢の悪さは見た目年齢だけでなく、美腹（ビバラ）筋の衰えも招きます。

美しい姿勢は、背すじが自然に伸びた状態です。この美しい姿勢を維持するには、体幹を支えなければなりません。そこで活躍するのが美腹筋です。美腹筋によって美しい姿勢が保たれ、美しい姿勢を維持することで美腹筋もいっそう鍛えられます。しかし、ねこ背になると美腹筋が縮こまり、ほとんど使われません。そのため、美腹筋がしだいに衰えていってしまうのです。美腹筋が衰えると基礎代謝が低下し、太りやすくやせにくい体にもなります。見た目の若さを保ち、美腹筋を適度に刺激するためにも日ごろからの姿勢はとても重要なのです。

私がふだんから意識しているのは、座っているときも立っているときも「美直角ラ

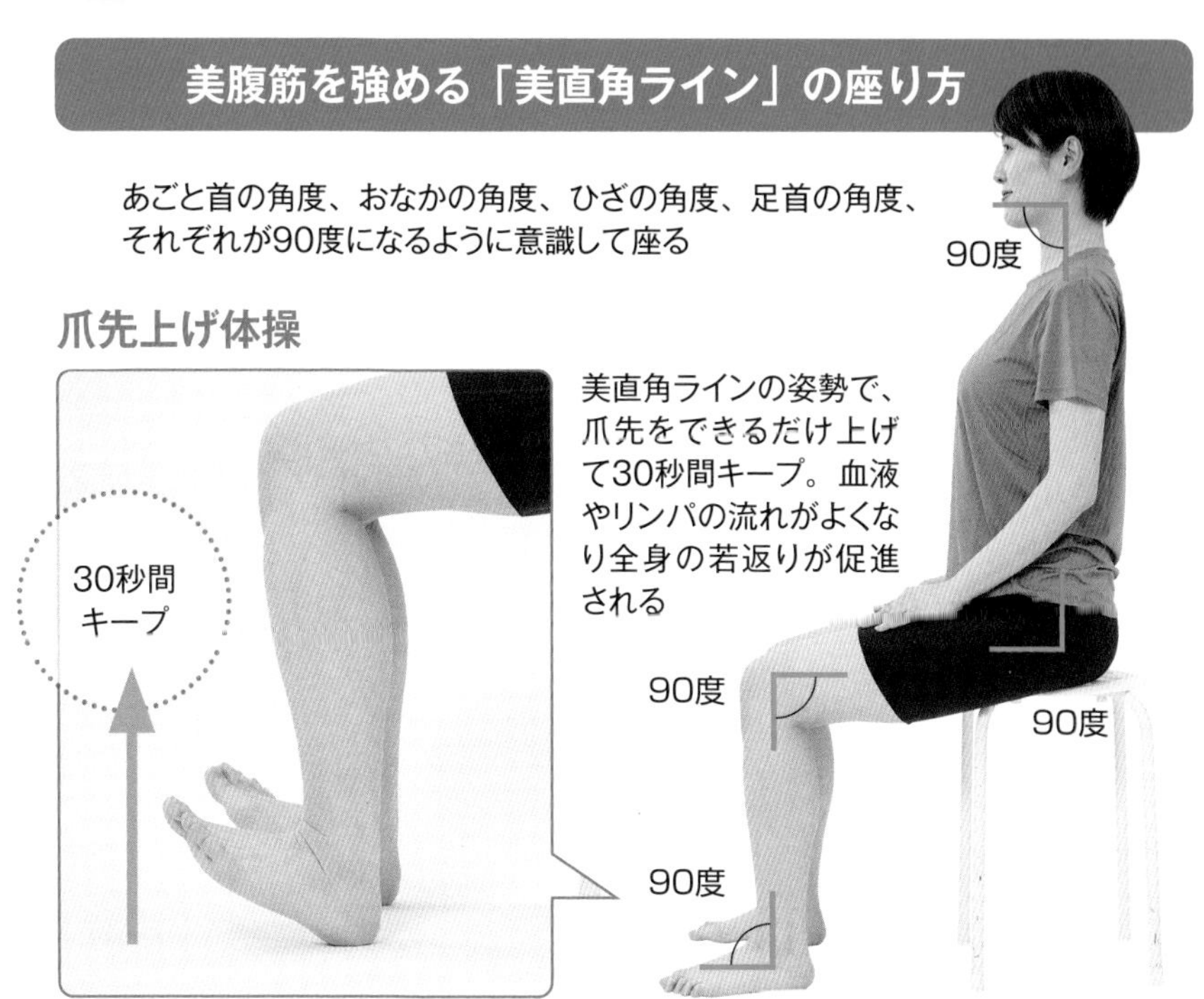
美腹筋を強める「美直角ライン」の座り方
あごと首の角度、おなかの角度、ひざの角度、足首の角度、
それぞれが90度になるように意識して座る
90度
爪先上げ体操
美直角ラインの姿勢で、
爪先をできるだけ上げ
て30秒間キープ。血液
やリンパの流れがよくな
り全身の若返りが促進
される
30秒間
キープ
90度
90度
90度

イン」をキープすることです。座る場合は、太ももとお尻（しり）、お尻と背骨のラインが90度になるようにします。次に背すじをまっすぐ伸ばし、顔は正面を向き、あごと首の角度が90度になるようにします。あごと太ももが平行の位置になるのが理想です。さらに、ひざと足首の角度も90度になるようにして座ります。全身鏡を置いて姿勢をチェックするか、誰かに見てもらいながら試すといいでしょう。

首・腰・ひざ・足首の美直角ラインを意識して座ることで、ねこ背の防止だけでなく、自然におなかに力が入るため、美腹筋を刺激することもできます。初めのうちはなるべく美直角ラインを意識するという、軽い気持ちで取り組むといいでしょう。習慣化すると、美しい姿勢を取ることも苦にならなくなるはずです。

そして、美直角ラインに爪先（つまさき）上げ体操（113ページ上の図参照）も行えば血液やリンパ液の流れがよくなり、全身の若返り効果も期待できます。

私は立っているときも美直角ラインを心がけています。背すじを伸ばして胸を張り、あごと首の美直角ラインを意識します。胸を張ることでバストラインが上がり、美しいシルエットにもつながるのです。座っているときと同様、立っているときもあまり神経質に考えると、ストレスがたまります。初めのうちは、全身鏡やガラスなど

「美直角ライン」の立ち方

背筋をまっすぐ伸ばして顔は正面を向き、あごと首の角度を90度にキープ。胸を張ることでバストラインが上がり美しいシルエットになる

に自分の姿が映ったときに、立ち姿を軽くチェックする程度でOKです。

座っているときも立っているときも、美直角ラインを維持できるようになれば、美腹筋も常に刺激を受けることになります。美腹スクワットをしているときだけでなく、美腹筋が鍛えられて筋肉量が増え、基礎代謝のアップにもつながります。おなかやせはもちろんのこと、顔から足先まで若々しい姿を取り戻すことができるのです。

画像診断医の私は、パソコンの画面を長時間見続けることもしょっちゅうです。日々の診療のほか、論文作成などに追われているときは座っている時間はもっと長くなります。2019年に行われた学会でダイエットに関する発表を行うまでは、運動も全くしていませんでした。発表内容に実体験があれば説得力を持つと思い、美腹スクワットに取り組んだのです。

運動とは縁遠く、長時間の座り仕事ですが、これまで腰痛に悩まされたことは一度もありません。その理由は、日ごろから座っているときも立っているときも「美直角ライン」を意識していたからだと思います。

美腹スクワットを実践するほか、日常生活では美直角ラインを意識すると、おなかやせ効果はいっそう高まり、見た目も若くなります。

エピローグ

人生がより明るく楽しくなるために

日本人の平均寿命は世界でもトップクラスで、まさに「人生100年時代」に突入しています。しかしながら、「健康上の問題で日常生活が制限されることなく生活できる期間」とされる健康寿命と平均寿命の差は小さくありません。厚生労働省によると、2023年の平均寿命は男性81・05歳、女性87・09歳。健康寿命との差は男性で約9年、女性で約12年もあることがわかりました。長生きしても、男女とも残りの人生の約10年は健康ではなく、日常生活にも制限があることになります。平均寿命を延ばすことも大切ですが、健康寿命との差を縮めることは、人生をよりポジティブに楽しむためには必要不可欠なのです。

健康寿命を縮める原因として、第一に挙げられるのが肥満です。内臓脂肪が蓄積する肥満は糖尿病や高血圧、脂質異常症など、さまざまな病気の原因となります。体重が増加してひざにかかる負担も増すことから、変形性膝(しつ)関節症などひざの病気を引き起こすこともあります。いつまでも精力的に活動するためには、肥満の解消はとても大切なのです。

年齢を重ねても健康で若々しく過ごすためには、体が丈夫なだけでなく「見た目の若さ」を保つことも大切です。ほとんどの人が実年齢よりも若く見られたいと思っているのではないでしょうか。年齢に無理に抗う必要はありませんが、見た目が若く見られるだけでもうれしく、生活にハリも出てきます。見た目の若さを保つことができれば、いくつになっても楽しく過ごせるはずです。

現在、「若さ」についての研究が医学界で活発に行われています。私が専門とするCTやMRIといった画像診断からも新しい知見を発見できるのではないかと、日々研究を続けています。画像診断では、体の外側からではわからない体内の異常や変化を見つけることができ、病気の早期発見にもつながります。病気だけでなく、画像診断の研究はアンチエイジング医学と結びつけることもできます。加齢に伴う体の変化は、外からは見えない体の内部ではどんな状態になっているのか。それを画像から突き止めることで、若さと健康を保つことに貢献できることを目指しています。
加齢に伴う変化の中でも、多くの人が気になっているのが肥満、特に「おなか太り」ではないでしょうか。おなか周りは脂肪がつきやすく、カロリーオーバーや運動不足の状態が続くと、中高年になるほどおなかが出てきてしまいます。見た目も決していいとはいえず、それどころか、病気のリスクも高まります。

美腹(ビバラ)スクワットは、運動経験がほとんどない私でも無理なく続けることができ、3ヵ月という短い期間でおなかやせを実現できました。私は学会でダイエットについて発表する機会があり「それまでにやせたい！」という目標があったことも幸いしたと思っています。人間、切羽詰まると頑張れるということを、身をもって体験できました。やはり、「やせる」という強い意志を持ちつづけるためには、目標を持つことが大切です。「夏までにやせよう」「やせていたころの服が着られるように」など、モチベーションが上がる目標を立てて、美腹スクワットに取り組みましょう。俄然(がぜん)、意欲も湧いてくるはずです。かといって、無理に頑張ると続きません。あくまでも、マイペースで楽しみながら実践していただけるとうれしいです。

美腹スクワットは、年齢を問わず、おなかやせ効果が期待できます。肥満が解消することで病気の予防・改善にもつながります。体のラインがスッキリし、見た目も若く見られるようになるはずです。

人生100年時代、ただ長く生きるのではなく、健康的に楽しく生きたいものです。人生を前向きに過ごすためにも、美腹スクワットにぜひ挑戦してみてください。おなかがやせて体型が変われば、人生も変わってくるはずです。私も人生がより明るく、楽しくなりました。次はみなさんの番です。

国際医療福祉大学三田病院放射線科准教授　奥田逸子

著者

奥田逸子（おくだ いつこ）

国際医療福祉大学三田病院放射線科准教授

川崎医科大学卒業後、国家公務員共済組合連合会虎の門病院を経て現職。四半世紀以上にわたり画像診断を続けた経験から「加齢を画像で診る」研究をスタートさせ、自分自身でできる美顔体操やダイエット法を考案・普及している。『BSプレミアム』『ガッテン』『あさイチ』（NHK）、『カズレーザーと学ぶ。』（日本テレビ系）など、アンチエイジングに関するテレビ出演で大反響となり、講演も多数行っている。

山田海太（やまだ かいた）

Nike Official Trainer（ナイキ・オフィシャルトレーナー）　健康運動指導士

日本体育大学卒業。オーナーズクラブ合同会社代表として、夢のある若者たちがフィットネス業界をキャリアとして喜んで選択するように導く取り組みをしている。現在は女性専用パーソナルジム、ピラティススタジオを運営。事業や業界の発展のため、自社の理念に共感し技術的・人間的にも優秀なトレーナーや、ジムのオーナーになる道筋をつけて協業するパートナーを募っている。

おなか太り
何歳からでも自然とくびれた!
名医が教える
1分美腹スクワット

著　　者　奥田逸子
体操指導　山田海太
編 集 人　安藤宣明
企　　画　田代恵介
シリーズ企画　飯塚晃敏
編集協力　オーエムツー／荻 和子　梅沢和子
　　　　　宮岸洋明
装　　丁　下村成子
本文デザイン　赤坂デザイン制作所
イラスト　魚住理恵子　Adobe Stock
撮　　影　相馬太郎（fort）
写真協力　Adobe Stock
モ デ ル　三橋愛永
発 行 人　山本周嗣
発 行 所　株式会社文響社
　　　　　ホームページ　https://bunkyosha.com
　　　　　メール　info@bunkyosha.com
印刷・製本　中央精版印刷株式会社

首下がり症候群

第14章

今中高年女性に急増し歩行難・誤嚥性肺炎まで招く首下がり症候群は頸椎・胸椎・腰椎に付着する深部筋を働かせる1分ほぐしで改善

高齢女性に増える首下がり症候群は、姿勢を保つ深部筋「多裂筋」を1分ほぐしで働かせて予防・改善

立ったときに首が前に下がり顔を上げられなくなる**「首下がり症候群」**が、近年、高齢女性を中心に増えて問題になっています。脳の病気や向精神薬など薬剤の影響も指摘されていますが、**加齢による首から背中・腰にかけての伸筋群（背すじを伸ばす筋肉群）の筋力低下が大きな原因**と考えられます。最初は首がこるような違和感やねこ背から始まって徐々に上を向きにくくなり、重症になると**歩行困難**になったり、食べ物を飲み込みにくくなって**誤嚥性肺炎**になったりと生活に支障が出るので、早期に受診して原因を調べることが大切です。

予防・改善には、**あご引き**で頚椎の深部筋**「頚長筋」**を働かせて首を安定させるとともに、背骨の一つ一つを支えて姿勢を保つ深部筋**「多裂筋」**を働かせることが特に大切です。1分ほぐし**「背骨・肩甲骨ストレッチ」**で、肩甲骨を動かしながら多裂筋を活性化し、**姿勢を保つ力**をつけましょう。

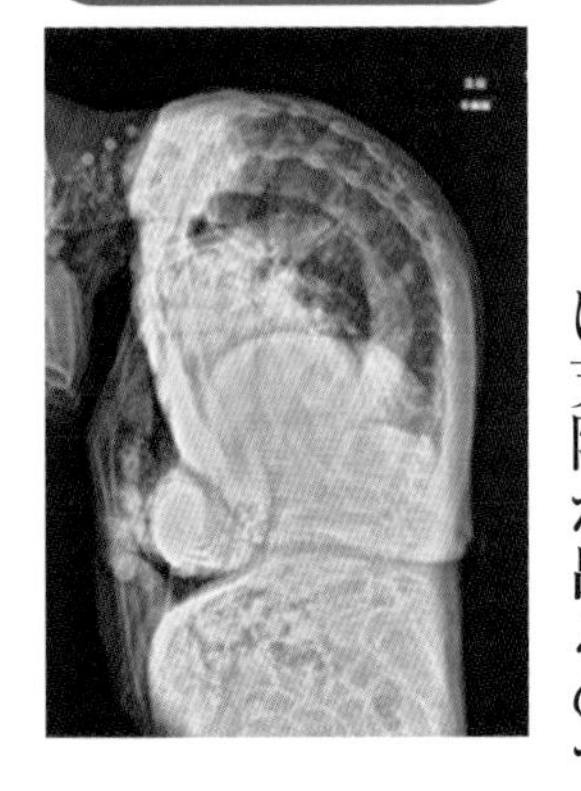

画像提供／JA徳島厚生連 阿南医療センター（徳島県阿南市）

背骨・肩甲骨ストレッチ

1セット1分

体操の効果
姿勢を維持する背中の深部筋（頸長筋・多裂筋）を活性化する。肩甲骨の動きをよくして姿勢を正す。

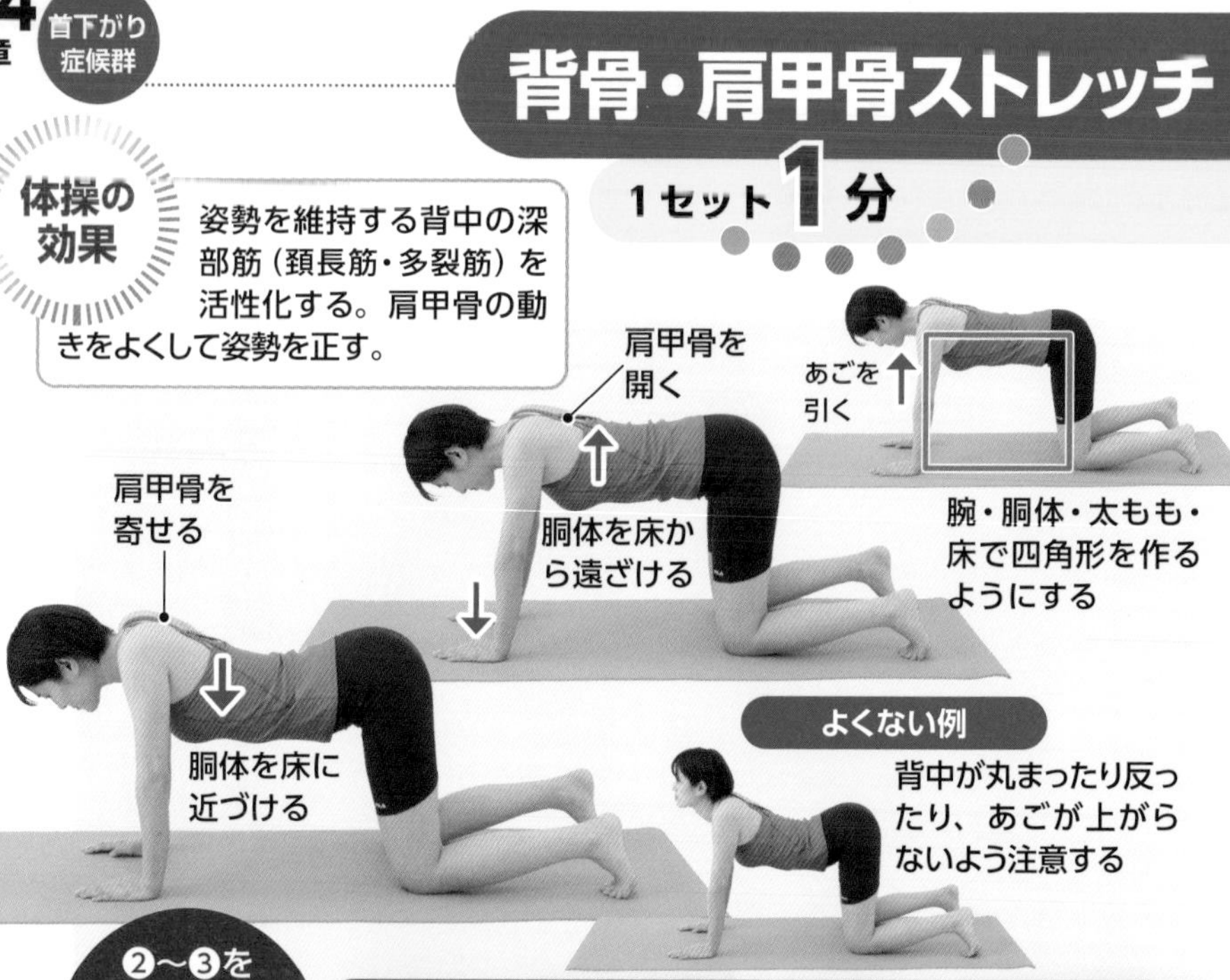

あごを引く
腕・胴体・太もも・床で四角形を作るようにする
肩甲骨を開く
胴体を床から遠ざける
肩甲骨を寄せる
胴体を床に近づける
よくない例
背中が丸まったり反ったり、あごが上がらないよう注意する
❷〜❸を5回くり返して1セットで1分
1日2〜3セットを目安に行う
立って壁に手をついて行ってもいい
力をゆるめて肩甲骨を中央に寄せる
胴体を壁に近づける
壁を押し、肩甲骨を左右に広げる
胴体を壁から遠ざける

❶ 手のひらをしっかり広げて床につけ、両足を腰幅に開いて爪先を立て、四つばいになる。あごを軽く引く。

❷ 口から息を吐きながら両手で床を押し、背骨をまっすぐに保ったまま背中を引き上げるようにして、肩甲骨を左右に広げる。

❸ 鼻から息を吸いながら手の力をゆるめ、背骨をまっすぐに保ったまま背中を下げるようにして、肩甲骨を中央に寄せる。

❹ 呼吸に合わせて❷〜❸をくり返す

首下がり症の悪化防止にはこり固まった筋肉をほぐして鍛えることが重要で首の多方向ストレッチが最適

首下がり症候群やねこ背の人は、**首の後ろや背中の筋肉が常に伸びている状態**です。このとき、筋肉は伸びながらも体が前に倒れないように緊張し、縮もうとしています。これを「遠心性収縮」といい、筋肉にとって大きな負担となります（33ページ参照）。首下がり症候群の悪化防止と改善には、緊張してこり固まった首の後ろや背中の筋肉（僧帽筋・脊柱起立筋・多裂筋など）をほぐすことと、首を安定して動かすための頚長筋や多裂筋を鍛えることの両方が必要です。

立っているときは首を上げにくい人でも、あおむけになれば首を上下左右に動かしやすくなります。あおむけで行う1分ほぐし**「首の多方向ストレッチ」**は、こり固まった筋肉をほぐしながら、同時に、首を動かす筋肉を鍛えることができます。さらに、うつぶせで上体を起こして行えば、肩甲骨を寄せることでねこ背が改善し、首から背中の仲筋群（背すじを伸ばすための筋肉群）も鍛えられるので、首下がりの悪化を食い止めることが可能です。

首の多方向ストレッチ

1セット 1分

体操の効果 首周囲の筋肉の過剰な緊張をほぐし、頚長筋を鍛えて頚椎を安定させる。

首の下にタオルを入れる

1. 両足を腰幅に開き、ひざを直角に立ててあおむけに寝る。首の下にタオルを丸めたものを入れる。
2. 鼻から息を吸いながら、あごを上げるように首を伸ばす。
3. 口から息を吐きながら、うなずくように首を曲げる。
4. ❶の姿勢に戻って息を吸い、口から息を吐きながら顔を右に向ける。
5. ❶の姿勢に戻って息を吸い、口から息を吐きながら顔を左に向ける。

❷〜❺を2回くり返して1セットで1分

1日2〜3セットを目安に行う

うつぶせで 上体を起こして行ってもいい

❶ 床にひじをつけてうつぶせになり、両足を腰幅に開く

肩甲骨を寄せる

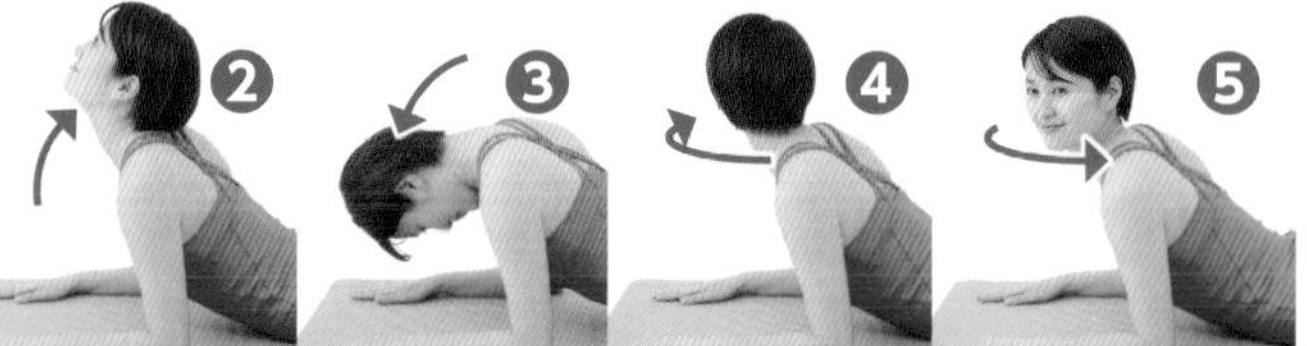

頭が重く顔を上げて前を見られなかった首下がり症が、1分ほぐしで改善し見違えるほどいい姿勢に戻れた

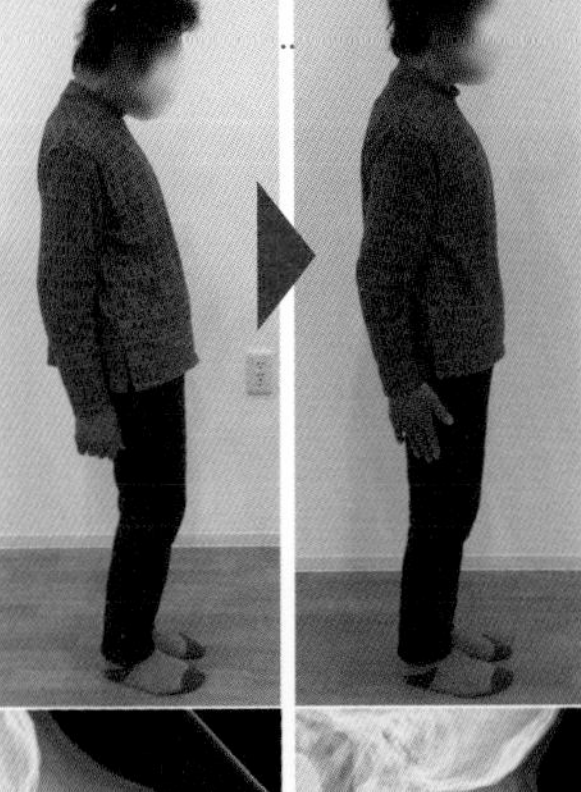

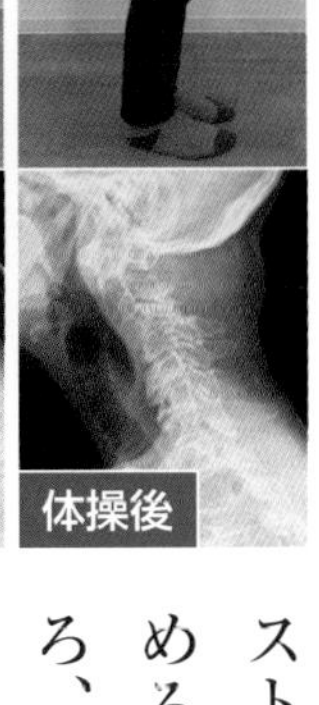

佐藤さんの姿勢の変化とレントゲン（X線）画像

佐藤孝子さん（仮名・86歳）は、4〜5年前から首が重だるく、顔を上げて前を見にくくなったことに気づいて受診。**首下がり症候群**の疑いと診断され、運動療法で改善をめざすことになりました。佐藤さんの姿勢を見ると、首が下がったまま前を見ようとするため、肩が後退して背中が丸まり、体が後ろに倒れないようおなかが前に突き出て骨盤が後傾、ひざが曲がっていました。そこで、理学療法士の指導のもと、姿勢を維持する筋肉を活性化する1分ほぐし「背骨・肩甲骨ストレッチ」（129ページ）、胸郭や肩甲骨の柔軟性を高める「アップドッグ」（118ページ）などを行ったところ、**ねこ背やひざ曲がりが伸び、前を見られるように**なりました。佐藤さんは自宅でも1分ほぐしを続けてこの姿勢を維持、顔を上げて前を向けるようになり、首の重だるさも感じなくなっているそうです。

症例提供／けやきクリニック整形外科（石川県金沢市）

病院の治療と手術

第15章

鎮痛薬・ブロック注射・頸椎除圧術など

首・肩・腕の痛み・しびれの「病院の治療と手術」

痛み止めの薬・注射は痛み信号を一時的に遮断する対症療法に過ぎず、我慢できないほど痛むとき限定で受けよ

首・肩・腕の痛み・しびれの原因となる頚椎症などの治療法には、大きく分けて「手術療法」と「保存療法（手術以外の治療法）」があります。

頚椎（背骨の首の部分）で脊髄が圧迫され、手や足に力が入らないマヒ症状や、尿もれ・便もれ、排尿困難などの膀胱直腸障害（排泄障害）の症状がある場合は、ただちに専門医の診察が必要で、緊急の手術が必要な場合もありますが、症状が重症でなければ、原則として保存療法で改善をめざします。

保存療法には、❶**薬物療法**、❷**神経ブロック注射**、❸**装具療法**、❹**牽引療法**、❺**温熱療法**、❻**運動療法**などがあります（❸〜❺は136〜137ページ参照）。

つらい痛みは一刻も早く止めたいと思うものです。早く痛みを鎮める方法としては、❶薬物療法、❷神経ブロック注射があります。

❶**薬物療法**……痛みに対してはNSAIDs（非ステロイド性消炎鎮痛薬）の内服薬や外用薬（貼り薬、塗り薬）、筋肉の緊張を和らげる筋弛緩薬などを用いま

す。これらで十分な効果が得られない場合は、強い鎮痛作用のあるオピオイド系鎮痛薬を用いることもあります。しびれに対しては、原因にもよりますが、一般的には、血管を広げ、血液を固まりにくくすることで血流をよくする血管拡張薬（プロスタグランジンE1製剤）なども用いられます。

❷神経ブロック注射……痛みのある部位の神経の近くに、局所麻酔薬や、局所麻酔薬にステロイド薬を混合したものを注射して、脳への痛みの伝達をブロックする治療法です。痛むところにピンポイントで薬を用いることができるため、即効性があります。ただ、効果には個人差があり、効果があまり感じられない人や、効果が長続きしないという人もいます。

鎮痛薬や神経ブロック注射は、痛みの信号を一時的に遮断（しゃだん）する対症療法（症状を軽減するための治療）で、首・肩・腕の痛み・しびれの根本原因を取り除くものではありません。長期間続けることで治療効果があるという、十分な科学的根拠もありません。

したがって、**薬物療法や神経ブロック注射は、痛みが強くて我慢できない場合に限定的に用いるべき**です。薬や注射で痛みを抑えることができたら、無理のない範囲で運動療法を始めるのが重要でしょう。

首の動きを制限する頸椎カラー、首を引っぱる牽引など「よくある治療」のメリット・デメリット

③装具療法……左の図に示した「頸椎カラー」のように、首を固定する装具を用いる保存療法です。頸椎が骨折したり亜脱臼（関節がはずれかけること）したりして不安定な場合や、頸椎椎間板ヘルニアや頸椎症の急性期（症状が出はじめた時期）で痛みが激しい場合、頸椎の手術をした後などに、首の動きを制限して頸椎への負担を軽減し、患部の安静を保つために用います。ただ、現在では頸椎カラーを長期間装着することはありません。首を固定して筋肉を使わない状態が長く続くと首まわりの筋力が低下してしまい、かえって症状が長期化することがわかってきたからです。首まわりの筋力低下から頭の重みを支えきれなくなって、新たな頸椎の病気を招く恐れもあります。

頸椎カラーの例

ゆるく固定するもの、ガッチリ固定するものなど各種ある

❹牽引療法……頚椎への負担を軽減する目的で行われる保存療法です。専用の装置で頚椎を引っぱって椎間を広げ、椎間板にかかる圧力を軽減することで痛みを取る作用があると考えられ、古くから行われてきました。しかし、効果があるという十分な科学的根拠がないため、現在はあまり行われなくなっています。人によっては症状がらくになる場合もありますが、しばらく続けて効果が感じられないなら、医師と相談のうえ、運動療法など別の保存療法に切り替えることをおすすめします。

❺温熱療法……患部を温める保存療法です。病院で行う場合は患部にホットパック（医療用のあんか）を当てたり、赤外線を照射したり、マイクロ波（短い波長域の電波）を当てたりといった方法で体を温めます。自宅での入浴や温泉につかることも、自分でできる温熱療法といえます。

筋肉の緊張をゆるめ、血流をよくして発痛物質を洗い流す効果が期待できますが、頚椎症に対する治療効果としては十分な科学的根拠はありません。根本的な原因を除くものではなく、体を温めて動きやすくして気持ちをらくにしたり、運動療法の効果を高めたりするなど、補助的な方法と考えたほうがいいでしょう。

長期に通院しても治らないときは、運動療法の指導に熱心な整形外科を受診するのが根本改善への近道

手足のマヒなど重い症状がなければ、首・肩・腕の痛み・しびれは保存療法で改善をめざすのが基本です。ただ、鎮痛薬の服用が長期にわたると薬の効きめを感じにくくなって服用量が増えたり、強い薬が必要になったりすることもあります。神経ブロック注射を1回受けて改善する人もいますが、複数回受けても治らず、だんだん効かなくなる場合もあります。牽引療法や温熱療法も、直後はらくになっても、しばらくすれば症状がぶり返すことも少なくありません。これらは対症療法なので、根本原因を取り除くことができないためです。

首・肩・腕の痛み・しびれは、ケガ（外傷）が原因の場合を除けば、頚椎にくり返し負荷がかかって起こることがほとんどです。**無意識のうちに長年続けてきた姿勢や動作のクセで、このクセを正す治療法は運動療法以外にありません。**長期間通院しても効果が長続きせず、痛み・しびれが治らないときは、**運動療法の指導に熱心な整形外科**を受診することが、根本的な症状改善への近道です。

頚椎症性脊髄症に伴う痛み・しびれ・マヒを治すには脊柱管を広げて脊髄の圧迫を除く除圧手術を検討

脊髄症が起こるしくみ

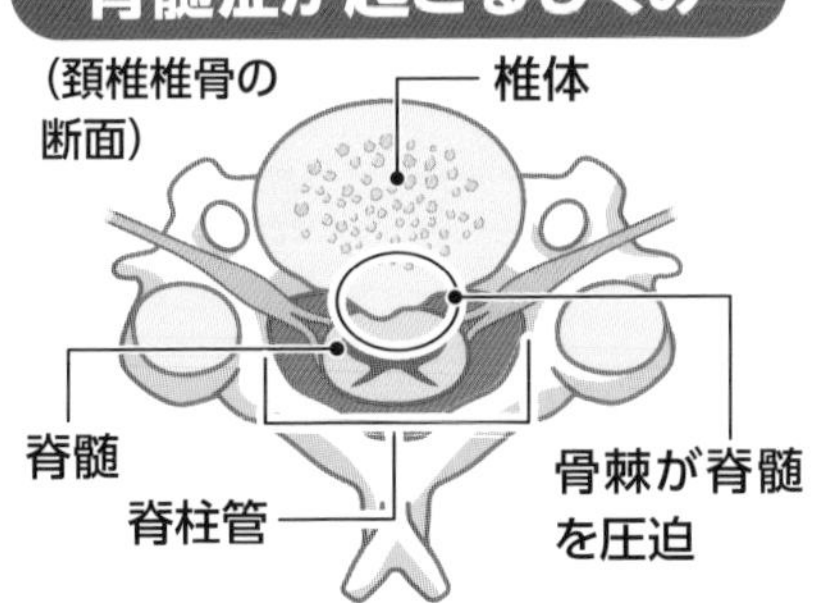

椎骨の変形によってできた骨棘（骨のトゲ）が、脊柱管内の脊髄を圧迫し、首・肩・腕の痛み・しびれ以外にも手足のマヒなどの症状が現れる

頚椎の椎骨の変形によって生じた骨棘（骨のトゲ）で神経が圧迫される頚椎症のうち、脊柱管（背骨中央の脊髄の通り道）が狭まり、脊髄が圧迫されるものを**頚椎症性脊髄症**（以下、脊髄症）、脊髄から左右に枝分かれする神経根が圧迫されるものを頚椎症性神経根症（以下、神経根症）といいます。頚椎症の多くは最初は神経根症として発症し、椎骨の変形が進行すると、生まれつき脊柱管が狭い人では脊髄症に移行していきます。*神経根症であれば運動療法を中心とした保存療法が有効ですが、脊髄は一度損傷すると再生が難しいことから、**脊髄症の場合は早期に手術が検討されます。**

中枢神経である脊髄が障害されると、影響は首から下の全身に及びます。首・肩・腕以外に、腰や足にも症状が現れます。手がしびれて手指が思うように動かせず、

＊生まれつき脊柱管の狭い人は、骨の変形がわずかでも症状が出現しやすい。

頸椎症性脊髄症の除圧術

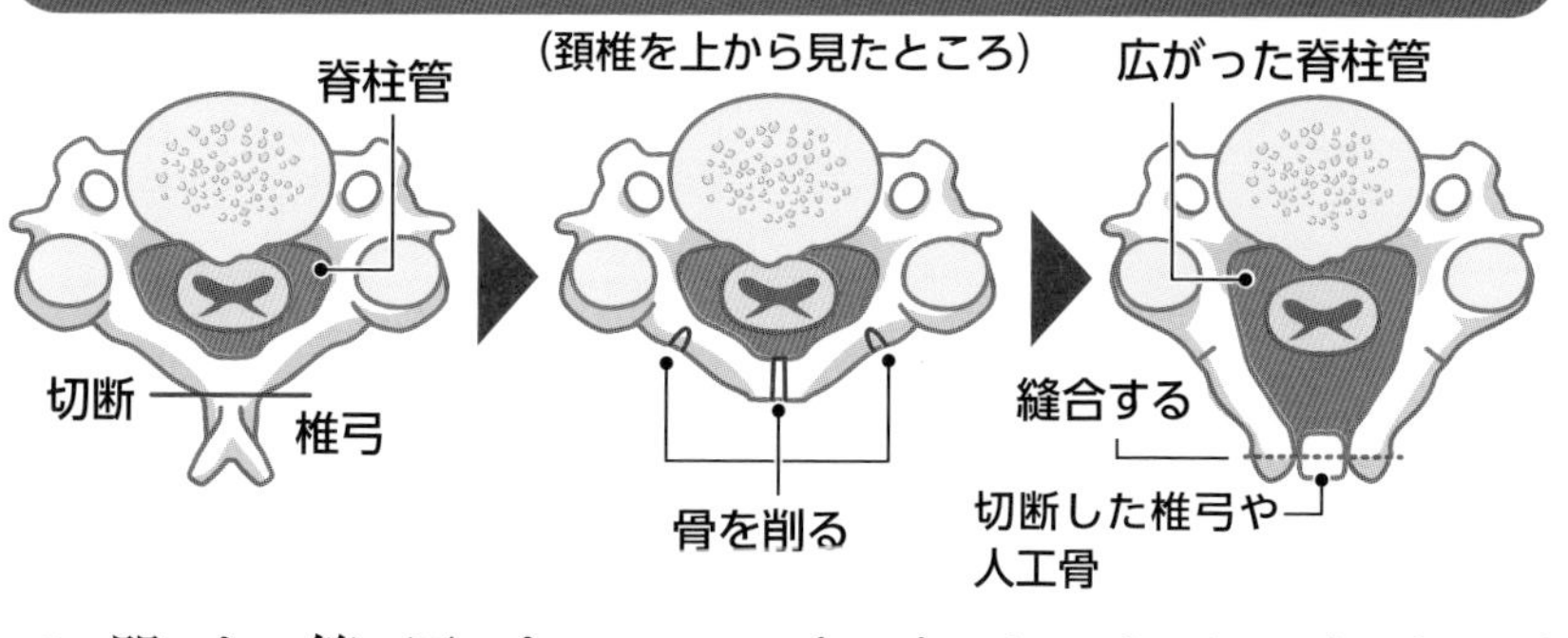

ボタンのかけはずしが難しくなったり、文字を書きにくくなったり、箸を使いにくくなったりします。足がマヒすると歩きにくくなったり、階段を上り下りできなくなったり、尿や便が出にくくなる膀胱直腸障害（排泄障害）が起こったりすることもあります。現在の症状がそれほど重くなくても、転倒した拍子に脊髄が損傷して四肢がマヒし、自力で動けなくなる恐れもあります。症状が悪化する前に手術を受けて、脊髄への圧迫を取り除くことが重要です。

脊柱管を広げて脊髄への圧迫を取り除く手術を、**除圧術**といいます。医療機関によってさまざまな術式（手術のやり方）がありますが、一般によく行われるのは**頸椎椎弓形成術**という除圧術です。首の後方を切開し、椎弓の一部を削って開き、脊柱管を広げて、脊髄への圧迫を除きます。脊椎の手術の中では行われている数が多く、安全に行われています。手術時間は2時間程度で、手術翌日から歩行できますが、切開部が落ち着くまで10日程度の入院が必要です。

症例報告

箸が使いにくく字をうまく書けなかった脊髄症の手のしびれと脱力が除圧手術で解消し手の筋力も回復

高木良二さん（仮名・初診時70歳）が両手のしびれに気づいたのは、数年前のことでした。気になってはいたものの痛みはなかったので、年のせいかと思い放置していたところ、しだいに手に力が入りにくくなってきました。特に利き手である右手が動かしにくいと、箸を使いにくくなったり、字がうまく書けなくなったりして、日常生活や仕事に差し支えるようになりました。困った高木さんは、私の診療先を受診しました。

高木さんのMRI画像

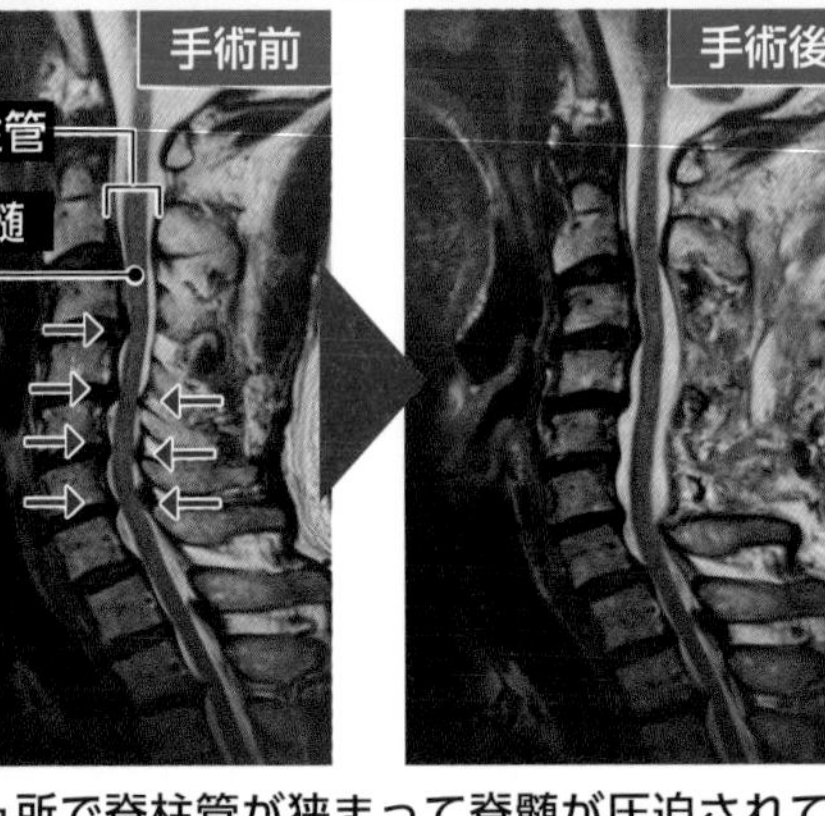

複数ヵ所で脊柱管が狭まって脊髄が圧迫されていたため、手術で脊柱管を広げて圧迫を取り除いた

MRI（磁気共鳴断層撮影）検査を行ったところ、頸椎の脊柱管（背骨中央の脊髄の通り道）が複数ヵ所で狭くなっているの

が認められ、頸椎の変形により脊髄が圧迫されたことで手のしびれが生じている疑いがありました。また、アキレス腱反射の検査では、通常よりも強い反応が見られました。頸椎で脊髄が圧迫されると、手足の反射を抑える脳からの信号の伝達がうまくいかなくなり、腱反射が強くなることがあるのです。

高木さんの手術前後のCT*画像

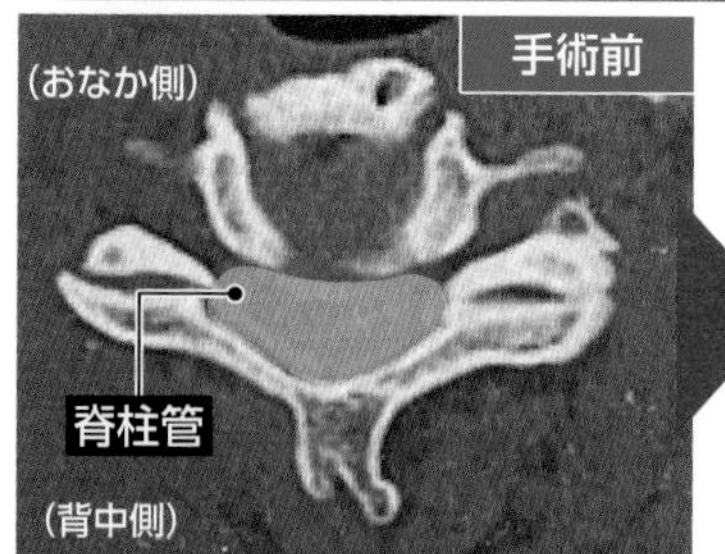

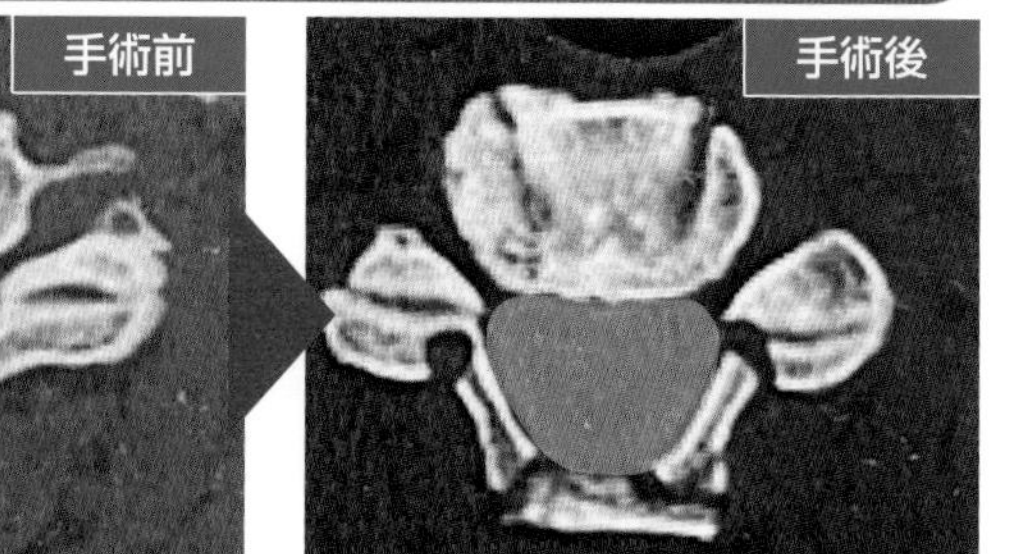

首の後方（背中側）を切開して椎弓を切断し、脊柱管を広げる手術を行った結果、脊髄への圧迫がなくなり、手のしびれが解消した

幸い、歩行に問題はなく、尿もれなどもありませんが、これ以上脊髄の圧迫が強まれば排泄障害や手足のマヒにつながる恐れがあり、手の筋力低下が進んで生活に支障も出ていることから、手術をすることになりました。

手術は、首の後方を切開して脊柱管を広げ、脊髄への圧迫を除く4ヵ所の**頸椎椎弓形成術**を行いました。切開部がふさがった10日で退院となり、削った骨がくっつく2ヵ月めから、理学療法士の指導のもと、無理のない範囲で**首の筋力をつけるリハビリ**を行いました。経過は良好で、手のしびれと脱力はすっかり消失、筋力の低下も気にならないほどになり、問題なく仕事に復帰することができました。

＊CT＝コンピュータ断層撮影

脊髄症で年々悪化していき不安な手のしびれが除圧手術ですっかり消え、進行が止められた

数年前から右手にしびれを感じはじめた武内都子さん（仮名・初診時62歳）は、症状が年々悪化していくことに不安を感じ、私の診療先を受診しました。画像検査をすると頸椎の脊柱管が狭まっており、脊髄症と診断できました。ただ、手の筋力低下はなく指を使う作業も問題なくでき、そのほかの機能検査でも異常はありません。今すぐに手術をするか迷うところですが、このままではしびれは今後も進行することが予想され、また、武内さんの「しびれがつらいので手術をして治したい」という希望もあって、手術適応となりました。4ヵ所の**頸椎椎弓形成術**で脊柱管を広げ、脊髄の圧迫を取り除いた結果、手がしびれることはなくなりました。武内さんは「しびれが消えたせいか、以前よりも字がきれいに書けるようになった気がします」と喜んでいます。

武内さんの手術前後のMRI画像

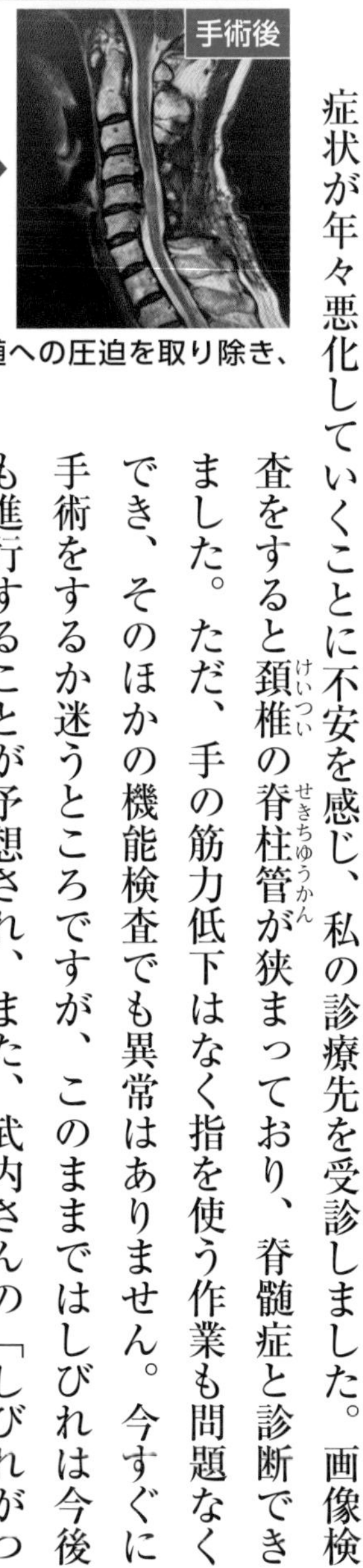

手術で脊柱管を広げて脊髄への圧迫を取り除き、手のしびれが解消した

著者

金岡恒治（かねおか こうじ）

早稲田大学スポーツ科学学術院教授
スポーツドクター　整形外科専門医　脊椎脊髄病医

筑波大学整形外科講師を経て、2007年から早稲田大学でスポーツ医学の教育・研究に携わる。シドニー・アテネ・北京五輪の水泳チームドクターを務め、ロンドン五輪のJOC本部ドクター。体幹深部筋研究に基づく運動療法を用いた腰痛治療研究の第一人者。日本水泳連盟参与、日本スポーツ協会医科学委員など役職多数。

2021年から脊椎の運動療法を提供するSPINE CONDITIONING STATIONのセカンドオピニオン外来担当。

『腰痛のプライマリ・ケア』（文光堂）、『体幹モーターコントロール』（中外医学社）など専門家向けの著書多数。

首・肩・腕の痛み・しびれ
自力で克服！
名医が教える
最新1分ほぐし大全

2023年1月18日　第1刷発行
2023年4月17日　第3刷発行

著　　者　金岡恒治
運動指導　本橋恵美
編 集 人　飯塚晃敏
編　　集　わかさ出版
編集協力　酒井祐次　瀧原淳子（マナ・コムレード）
装　　丁　下村成子
イラスト　前田達彦　マナ・コムレード
撮　　影　寺島　佑（fort）
モ デ ル　三橋愛永
発 行 人　山本周嗣
発 行 所　株式会社文響社
〒105-0001　東京都港区虎ノ門2丁目2－5
共同通信会館9階
ホームページ　https://bunkyosha.com
お問い合わせ　info@bunkyosha.com
印刷・製本　中央精版印刷株式会社

ISBN 978-4-86651-589-2

本書は専門家の監修のもと安全性に配慮して編集していますが、本書の内容を実践して万が一体調が悪化する場合は、すぐに中止して医師にご相談ください。また、体調や疾患の状態には個人差があり、本書の内容がすべての人に当てはまるわけではないことをご承知おきのうえご覧ください。